BIBLIOTHÈQUE DES MERVEILLES

PUBLIÉE SOUS LA DIRECTION

DE M. ÉDOUARD CHARTON

L'HOMME SAUVAGE

PARIS. — TYPOGRAPHIE LAHURE
Rue de Fleurus, 9

L'homme sauvage : premier âge.

BIBLIOTHÈQUE DES MERVEILLES

L'HOMME SAUVAGE

PAR

FERDINAND DE LANOYE

(ŒUVRE POSTHUME)

DEUXIÈME ÉDITION

ILLUSTRÉE DE 35 VIGNETTES SUR BOIS

PAR M. ÉM. BAYARD

PARIS

LIBRAIRIE HACHETTE ET Cie

79, BOULEVARD SAINT-GERMAIN, 79

1877

AVANT-PROPOS

Aux amis de mon père j'adresse ce volume, sans commentaires.

Aux lecteurs de M. Ferdinand de Lanoye quelques mots d'explication sont dus :

Le 10 avril 1870, épuisé par une longue et cruelle maladie, M. F. de Lanoye mourait, à un âge encore peu avancé. Nous l'avions, quelques mois auparavant, arraché à Paris et à ses occupations, et c'est dans le Midi, au milieu des siens, inerte de corps, mais en pleine possession de toute son intelligence, qu'il s'est éteint.

Il avait laissé sur sa table de travail un volume terminé qu'il se préparait à donner à l'impression. Cet ouvrage, dont les événements qui se sont déroulés depuis lors ont retardé la publication, est celui que nous présentons en ce moment au public : le dernier qui sera sorti de sa plume et qui paraîtra signé de son nom.

Ce n'est pas sans une profonde émotion, on doit le penser, que nous venons de lire les épreuves de ce livre ; mais ce n'est pas non plus, qu'il nous soit permis de le dire, sans un sentiment respectueux d'orgueil filial que nous avons retrouvé dans ces pages le même puissant intérêt que dans celles qui les ont précédées, et comme une nouvelle affirmation des fortes croyances que nous connaissions si bien et des convictions que nous savions si loyales et si ardentes. Les lecteurs de *l'Inde contemporaine*, du *Niger*, des *Voyages dans les glaces*, de *la Sibérie*, des *Grandes scènes de la nature*, de *Ramsès le Grand*, du *Nil*, etc., et ceux qui auront su découvrir dans les dix premières années du *Tour du Monde* et disséminée dans chaque volume la marque si sincèrement modeste et pourtant si personnelle de M. F. de Lanoye nous comprendront, nous en avons la certitude.

Dans la pensée de son auteur, *l'Homme sauvage* n'était que le premier chapitre, la préface en quelque sorte d'un travail considérable dont il avait laborieusement rassemblé les éléments et dont il avait arrêté le plan dans son ensemble et dans ses détails. Il se proposait d'étudier la grande famille humaine depuis sa naissance dans tous ses développements jusqu'à nos jours, en groupant, pour les temps antiques, l'histoire des civilisations disparues autour de celle des grandes individualités dont le nom domine une époque et la résume à travers les traditions et les âges. On le voit, il s'agissait d'une véritable Histoire philosophique de l'humanité, et *Ramsès le Grand, ou l'Égypte il y a* 3300 *ans* en était un chapitre détaché, mis *à la portée des gens du monde*, et publié avant l'heure.

La mort est venue arrêter l'exécution de ce grand ouvrage, et M. F. de Lanoye n'aura pas eu la consolation suprême de laisser derrière lui l'œuvre qu'il avait particulièrement préparée et méditée, celle qui eût été pour lui la récompense de toute une vie consacrée au travail et à l'étude.

L'Homme sauvage paraît — est-il besoin de le dire? — absolument tel que M. F. de Lanoye l'a laissé. Il lui manque donc peut-être ces dernières retouches, importantes pour un auteur, que nous ne pouvions penser à lui donner. Cependant nous croyons savoir qu'il ne devait pas subir de modification importante.

M. Émile Bayard, dont l'affection pour M. F. de Lanoye nous était connue, s'est chargé, à notre demande, des illustrations de ce petit volume. Il s'est acquitté de ce soin avec un goût et un talent qui n'étonneront personne, mais avec un empressement dont nous sommes heureux de pouvoir le remercier ici.

HENRY DE LANOYE.

14 octobre 1872.

LIVRE PREMIER

LES CHASSEURS

CHAPITRE PREMIER

L'homme et le sol. — Unité d'origine. — Dispersion hors du berceau commun. — Luttes des premiers groupes humains contre le sol.

A l'opposé des êtres inférieurs à lui, que la dépendance du sol, de la nourriture et du climat parque de toute nécessité dans les contrées qui les voient naître, dans les milieux que leur affecta la nature, l'*homme* a fait son domaine du monde entier. Sous les feux de l'équateur et sous la coupole glacée des espaces polaires, aux lieux où les dernières graminées marquent, aux bords des neiges éternelles, les limites de la végétation expirante, comme dans les contrées où la vie bouillonne à flots dans la séve des palmiers, il subsiste et se multiplie ; il travaille à se subordonner la nature, aussi avare pour ses besoins, aussi sévère pour les écarts de son libre arbitre qu'elle semble généreuse et prodigue pour l'instinct passif des autres créatures terrestres.

On dirait que, dès l'apparition de l'homme, elle a deviné en lui son maître, son dompteur, et qu'elle a cherché à l'étouffer dans les langes d'une enfance péniblement prolongée.

Dans le genre humain, « l'influence du climat ne se marque que par des variétés assez légères, parce que cette espèce est une, et qu'elle est très-distinctement séparée de toutes les autres. L'homme, blanc en Europe, noir en Afrique, jaune en Asie et rouge en Amériquê, n'est que le même homme, teint de la couleur du climat, » comme le disait Buffon[1], ou mieux, comme aurait dit Geoffroy Saint-Hilaire, peint et moulé par le milieu ambiant.

Il y a un siècle aujourd'hui qu'un écrivain dont le génie devançait son époque dans toutes les questions qu'il soulevait, a implanté ainsi, dans le terrain de la science, une vérité que la morale et la politique n'osaient emprunter au dogme religieux qui règne en Europe depuis dix-sept cents ans.

Accueillie avec incrédulité ou dédain par la

[1] Buffon, l. IX, p. 2.

philosophie de son temps, qui sacrifiait étourdiment, à sa haine des traditions génésiaques, ses penchants naturels vers l'égalité sociale ; combattue par les esprits étroits qui ne peuvent étudier la création qu'à travers le microscope de l'analyse matérielle, et dont les yeux usés à la recherche des détails et des classifications sont incapables d'embrasser de haut l'ensemble des choses, l'opinion de Buffon a reçu de nos jours la consécration de presque toutes les sciences qui ont l'homme pour point de départ et pour but.

L'*anatomie comparée*, discutant le fait et cherchant sa négation, en est venue à affirmer qu'une tête plus ou moins ovale, un nez plus ou moins déprimé, des mâchoires plus ou moins saillantes, une couche pigmentale plus ou moins colorée, limites extrêmes des différences physiques entre les hommes, loin de créer des solutions de continuité dans l'espèce, n'y constituaient qu'une multitude de variétés, se confondant insensiblement les unes dans les autres.

Le dernier argument auquel se sont cramponnés les adversaires de l'unité, l'objection tirée de la prétendue laine du nègre, n'a pu tenir contre les expériences de Prichard. A l'aide du microscope, ce savant naturaliste a prouvé sans réplique qu'entre la laine de l'animal et la chevelure de l'homme il n'y a nulle corrélation. L'une et l'autre sont, il est vrai, des tubes capillaires; mais le tube de la laine est formé d'une infinité de cônes enchâssés les uns dans les autres, dont les bords extérieurs font saillie autour de l'appareil, qui est ainsi dentelé comme une barbe d'épi; le cheveu du nègre le plus crépu, au contraire, est formé d'un tube simple et uni dans toute sa longueur, absolument comme celui que peut fournir la tête soyeuse de la plus blonde des filles d'Albion.

Une série sans nombre d'observations sur les climats, l'hygiène et la nourriture, sur la chaleur et la lumière appréciées dans leur action réunie ou isolée, une étude approfondie des siècles écoulés et des *continents traversés*, des croyances adoptées et des institutions subies, autorisent la *science géographique* à déduire la formation des branches de la famille humaine de la seule influence de toutes ces causes sur notre organisme, qu'elles modifient d'autant plus qu'elles se combinent davantage entre elles, ou réagissent plus puissamment les unes sur les autres.

La *science sociale*, qui constate l'unité de but pour l'humanité, ne peut admettre pour ses membres une illogique pluralité d'origine, dont la conséquence serait, pour chaque race, une inéga-

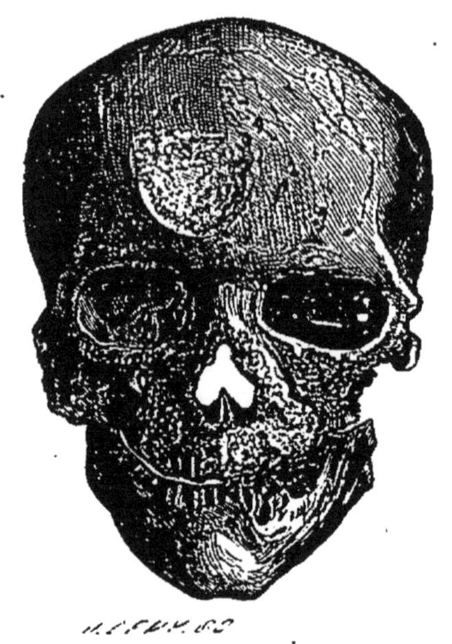

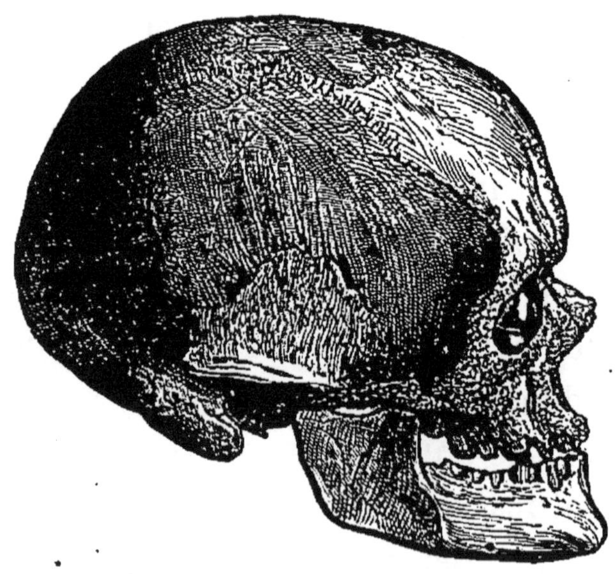

Crâne de l'homme de la première époque, trouvé à Cro-Magnon (Dordogne).

lité de point de départ, de mérites à acquérir et de sacrifices à accomplir dans la poursuite d'un avenir identique pour tous.

Enfin l'*histoire*, qui résume toutes ces données, ne peut se dispenser de les corroborer d'une autorité, dont il est permis de discuter la valeur, mais qu'on ne saurait récuser sans mauvaise foi. Nous voulons parler des traditions primitives encore aujourd'hui éparses sur la face de la terre. Soit qu'on les étudie savamment formulées à la base des systèmes religieux ou cosmogoniques des nations les plus anciennement policées, soit qu'on en recueille les plus grossiers débris dans les souvenirs bégayés par les peuplades les plus sauvages, on est frappé de la similitude de tous ces vieux échos des premiers jours de l'existence de l'homme; on est forcé de reconnaître l'identité de leurs témoignages qui, s'élevant de tous les points du globe et de tous les échelons de la civilisation, concluent comme Buffon des hauteurs de son génie, comme la science échappant aux hésitations des préjugés, comme le Christ mourant pour la fraternité humaine : *à l'unité d'espèce, d'origine et de berceau.*

Quel lieu fut élu par le Créateur pour la fonction que ce dernier mot implique? Quand? comment l'homme y apparut-il?

Questions inséparables et sans cesse offertes aux inquiètes investigations de l'esprit humain.

La dernière est restée et restera toujours un mystère entre la terre et Dieu. Mais les affirmations divergentes de la théologie et du scepticisme et les recherches positives de la science peuvent du moins sur ce sujet aboutir à cette assertion commune : à un jour donné de la création, l'homme n'en faisait pas partie, et le lendemain, le soleil éclaira ses pas sur la terre, illumina son front pensif et se réfléchit dans ses regards interrogeant les cieux.

Quant au berceau de la grande famille, on ne saurait, suivant nous, le chercher ailleurs qu'au point même où viendraient aboutir et se confondre les lignes prolongées des indications de tous les peuples interrogés sur ce problème.

Or ce point se trouve indubitablement dans l'Asie centrale, entre les chaînes colossales d'où s'échappent dans toutes les directions, comme d'un réservoir commun, le Tarim, l'Iaxarte, l'Oxus, le Sind, le Gange, le Tsampou et le Kiang ; véritables artères du vieux continent, grandes voies ouvertes aux migrations des plantes, des animaux et des fils de l'homme[1].

[1] Toutes les questions relatives à l'histoire naturelle de l'homme ont été résumées dans le dernier ouvrage publié par M. de Quatrefages sous le titre de *l'Espèce humaine*.

L'étude de l'histoire et de la géographie comparées nous démontre que, sur tous les continents, la vie sociale a commencé sur les montagnes et n'est descendue dans les plaines qu'au fur et à mesure

Type de la race blanche.

que sur leur sol et dans leur atmosphère se formait le milieu favorable à son développement, ou que le bras de l'homme devenait assez puissant pour modifier lui-même les conditions premières de ce milieu.

Lors de la découverte de l'Amérique, il n'y a pas encore quatre siècles, sa rare population, perdue, étouffée dans la luxuriante puissance de la nature de ses plaines immenses, s'essayait à l'existence de nation principalement sur quelques points de la chaîne colossale des Andes ; sur des plateaux, dont la hauteur au-dessus de l'Océan varie entre le niveau des cols et celui des cimes les plus élevées des Alpes suisses et savoisiennes.

Sur un sol plus rapproché du nôtre, dans cette Afrique dont l'histoire a déjà ouvert et fermé plus d'une fois les annales, le haut relief de l'Abyssinie ne fut-il pas, aux jours antiques, le foyer de la civilisation de Méroé et d'une partie de la vallée du Nil ? ne renferme-t-il pas, même aujourd'hui, avec la longue chaîne transversale de Kong qui l'unit au plateau de la haute Sénégambie, tous les germes de l'avenir de cette race noire, dont l'enfance morale indéfinie a lutté jusqu'ici contre les obstacles que lui opposent un sol et un climat encore à l'état rudimentaire ?

Enfin, dans cette terre d'Europe, si remuée depuis trois mille ans, si imbibée du sang et des sueurs de l'homme, ne sont-ce pas les hautes vallées, les pentes abruptes de son versant méridional, qui, les premières, ont reçu et fécondé les semences de civilisation que lui envoyait l'Orient? Pendant que les tribus ioniennes et étrusques préparaient, dans les étroits vallons de l'Hellade et des Apennins, la transformation des mondes aryen, indou et égyptien en monde

Type de la race jaune.

grec et romain, les grandes plaines d'au delà des Alpes étaient livrées, pour de nombreux siècles encore, au parcours sans frein des hordes sauvages, vaguant sur la piste des bêtes fauves et sous le vent des steppes de l'Asie, à travers les pins et les bruyères, depuis les sources de l'Irtiche jusqu'aux bouches du Vahal et de l'Escaut.

Les analogies observées dans l'espace et dans le temps apportent donc la logique des faits à l'appui des traditions antiques, qui, venues jusqu'à nous des profondeurs des âges et flottant sur les débris de peuples sans noms et de siècles sans nombre, désignent la haute Asie comme le point de départ d'où les familles des hommes se répandirent sur la terre.

A l'aube des souvenirs humains, lorsque les tribus aryanes descendirent les pentes des Bolors, de l'Indou-Kho et de l'Himalaya, elles trouvèrent les plaines de la Bactriane et de l'Inde occupées par les descendants déjà nombreux d'émigrations antérieures, successivement poussées hors du commun berceau par l'instinct vagabond de l'homme primitif, l'ardeur aventureuse du chasseur, la révolte du droit individuel contre les premières règles sociales, ou l'exil du faible fuyant l'oppression du fort; par toutes les causes enfin qui, indépendamment des convulsions du sol, pouvaient naître des impérieux bouillonnements de la sauvage enfance du genre humain, que celui-ci crut devoir plus tard justifier par ces paroles attribuées au Créateur lui-même : *Croissez, multipliez et couvrez la face de la terre!*

Superposées les unes aux autres autour du centre primitif, comme les couches géologiques autour du noyau du globe, mais dans l'ordre inverse de leur éclosion et de leurs développements, ces po-

Type de la race rouge.

pulations formaient une série concentrique de zones humaines, dont les plus reculées étaient par conséquent les plus anciennes, les plus barbares, et devaient être constamment refoulées vers les extrémités des continents par le flot toujours croissant des émigrations centrales.

Dans les grandes plaines de l'Orient et du sud de l'Asie, ces populations se rattachaient à deux vastes groupes, sources de deux grandes variétés de notre espèce, la *noire* et la *jaune*, dont la formation correspond à deux âges de la vie de l'humanité : la première, à cette époque où l'homme, nouveau venu sur une terre marâtre, se débattait écrasé et nu ; la seconde, à la période où il commença à lutter debout et armé contre les forces exubérantes du milieu qui l'entourait[1].

« Nous ne pouvons aujourd'hui que bien difficilement nous représenter les immenses travaux imposés aux premiers hommes, les obstacles qu'ils durent vaincre pour réunir autour d'eux les conditions de vie et de sécurité d'où dépendait la durée de l'espèce : la terre alors ne ressemblait nullement à ce qu'elle devint depuis sous les mains qui la transformèrent[2]. »

Ce que chacune de ses parties engloutit de débris humains, avant de mériter d'un seul

[1] L'opinion que le nègre a précédé le jaune a été formellement combattue par M. de Quatrefages, qui s'appuie en particulier sur des raisons tirées de la linguistique. Les formes les plus rudimentaires du langage ne se sont conservées que chez des populations jaunes. Toutes les langues nègres appartiennent à la seconde période de l'évolution linguistique. Les plus anciennes races connues, celles de l'époque quaternaire, ne sont pas nègres.

[2] Lamennais, *Esquisse d'une philosophie*.

homme le nom de patrie, ce que chacun de ses climats dévora de générations, avant de permettre à un seul couple d'exilés d'abriter avec quelque sécurité le foyer du jour présent et le

Type de la race noire (Koushite).

berceau du lendemain, Dieu seul le sait; lui qui sans doute ne semble négliger les individualités de ce monde que pour leur tenir compte dans des mondes meilleurs de leurs épreuves d'ici-bas, de leurs sacrifices obscurs à des plans d'ensemble dont la portée échappe à nos yeux mortels ; lui qui seul peut, dans un jour de son éternité, payer aux premiers fils de l'homme le prix de leurs sueurs, de leurs larmes et de leur sang, employés uniquement par torrents et pendant des siècles à préparer le sol pour leurs descendants.

Mais de même que les observations recueillies chez les peuplades sauvages nous reportent aux destinées de l'humanité à ses débuts, l'étude de quelques points du globe, tels que les côtes délétères de l'Afrique équatoriale, les parties basses de la Papouasie et de Madagascar, les deltas noyés du Niger, de l'Orénoque ou des fleuves de Bornéo, peut nous retracer une image assez fidèle, quoique bien affaiblie, de l'état physique des grandes plaines et des côtes méridionales de l'Asie, au moment où les premiers émigrés du plateau central tentèrent de s'y frayer un chemin et d'y trouver une demeure.

L'abord de toute terre vierge, l'essai de tout nouveau climat sont encore aujourd'hui fatals à notre espèce. Nul n'ignore ce que sont les contrées que nous venons de citer pour les hommes du Nord et de notre Occident. On sait combien l'Europe y a semé de cadavres, en colonies avortées, en vaines tentatives d'explorations. Ceux de ses fils qui sont parvenus à s'implanter sur des plages de nature identique, ne l'ont fait qu'aux dépens de leur jeunesse tronquée, de leurs traits modifiés, de leur teint flétri, de leur énergie morale et physique émoussée. On sait que la terre de l'Inde, entre autres, dont l'exploitation par tant de races diverses et pendant tant de siècles n'a pu épuiser la séve féconde et les influences multiples, recèle encore dans son sein de tels miasmes, dans son atmosphère de tels effluves, que sans causes apparentes, sans manifestations préalables, des fléaux épidémiques instantanés y naissent et frappent comme la foudre, décimant en quelques heures les agrégations d'Européens, qui seraient emportées tout entières en quelques jours si elles ne se dispersaient promptement.

Quelle ne dut donc pas être l'action terrible de ces bords de l'Indus et du Gange sur l'organisme des premiers hommes qui s'y aventurèrent, alors que, pressé d'étendre ses domaines aux dépens des limites de l'antique Océan, le continent asiatique comblait le fond de ses vallées des débris de leurs flancs ravinés et par les dépôts accumulés du limon de ses fleuves accélérait le retrait des golfes primitifs ; que des labyrinthes de palétuviers consolidaient du lacis inextricable de leurs racines et épaississaient de leur détritus ce sol mouvant et impropre à toute autre végétation ; que sur la vase tiède et infecte qu'ils ombrageaient, dans les eaux putrides où se miraient leurs rameaux, dans l'air humide et brûlant que décomposait leur feuillage, le règne animal ne déployait que des créations étranges, formidables et gigantesques ; que toutes les harmonies locales se heurtaient, se fondaient en un effroyable antagonisme ; que la mort enfin, sous toutes les formes, y épiait la vie?

Est-ce trop d'attribuer à cette action, sans proportion avec notre nature, la dégénérescence du type primordial de notre espèce jusqu'aux écarts les plus ravalés de sa variété noire? Est-ce trop de rattacher à des phénomènes analogues, bien que multiples et modifiés selon les milieux et les latitudes, les origines de toutes ces branches de la race d'Adam, qui, arrêtées encore aujourd'hui sur les degrés inférieurs de l'échelle sociale, portent profondément empreint, dans leurs traits, dans leurs mœurs et dans leurs institutions, le cachet indélébile de la malédiction de la terre?

Les traces primitives de l'homme observées sur la terre sont misérables : on dirait que partout il a trébuché dès ses premiers pas. Synthèse de toutes les créations, de tous les enfantements antérieurs de notre planète, combien de siècles lui a-t-il fallu pour dégager des limbes de la matière les ressources et la conscience de son activité libre? Nul

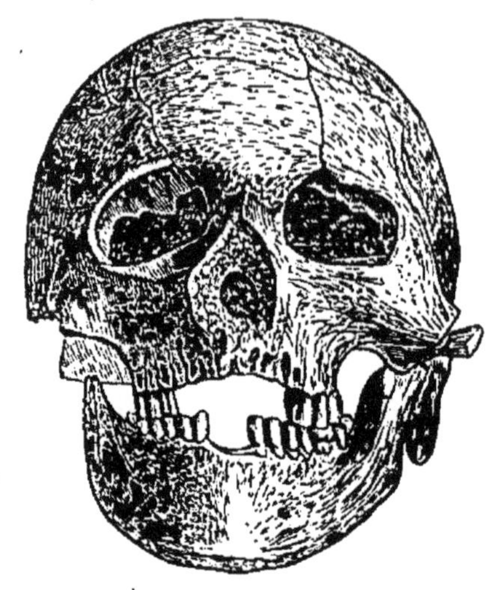

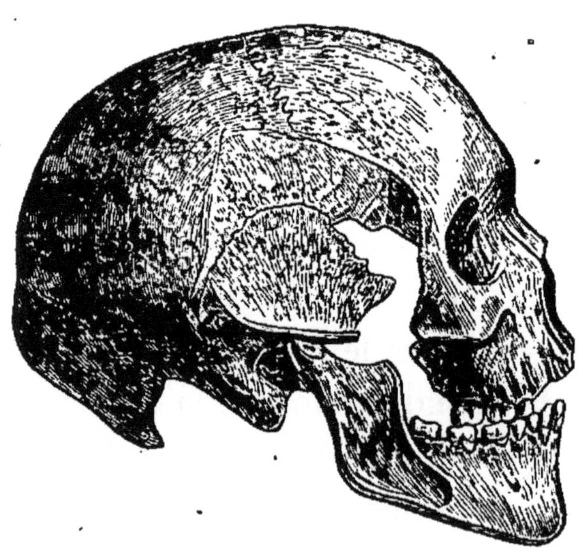

Crâne de l'homme de la première époque, trouvé à Solutré (Mâconnais).

ne peut le dire. La géologie a récemment tenté de le formuler. Mais cette épigraphe de la terre, appliquée au passé de l'homme, a des règles encore trop variables, des chiffres encore trop flottants pour que l'histoire et la philosophie puissent les admettre sans discussion.

Ce n'est pas d'aujourd'hui d'ailleurs que les penseurs de l'école positive ont protesté contre les rêveries de l'âge d'or et de période édenique, où l'humanité, presque toujours mécontente du présent et se méfiant de l'avenir, s'est complu à nourrir les souvenirs de son berceau.

Dix-sept siècles avant que nos savants contemporains découvrissent l'homme des cavernes, un écrivain, qui, s'il n'a pas pénétré bien avant au fond des choses passées les a du moins beaucoup et consciencieusement étudiées, opposait aux doléances des Romains de l'empire à l'apogée de sa grandeur le tableau de l'enfance de notre race, tableau qui rappelle par plus d'un trait celui que la science moderne nous fait de la première période de l'âge de pierre.

Au milieu de la société repue de l'époque Antonine, Plutarque fait intervenir un sauvage des temps primitifs et lui prête ces paroles :

« Oh ! que votre siècle est favorisé, mortels d'aujourd'hui ! que vous êtes chéris des dieux ! laterre féconde ne vous refuse rien ; la nature entière n'est occupée qu'à prévenir vos désirs! quel contraste avec l'âge du monde où tomba notre naissance! âge triste et dur, si peu développé que tout y était encore en germe, sauf la misère! L'air n'était point encore épuré; dans un ciel nébuleux, les astres roulaient sans harmonie, et le soleil inégal, mal affermi, traçait irrégulièrement sa voie quotidienne. Sur la terre, ravagée par des fleuves qui cherchaient un lit, tout était marécages, fondrières et forêts sauvages. Le sol ingrat repoussait la culture, nulle invention ne venait soulager nos maux; nul inventeur n'apparaissait dans nos rangs abrutis; la faim seule était notre inséparable compagne. Là, où les mousses des rochers venaient à nous manquer, où les écorces des arbres nous faisaient défaut, nous déchirions de nos mains les bêtes palpitantes, nous buvions leur sang fumant; heureux, lorsqu'un chêne secourable nous offrait son âpre fruit en abondance! alors, hélas! nous dansions de joie autour de l'arbre nourricier, et nous bégayions des chants à la louange de la terre. C'étaient là nos fêtes, c'étaient là nos plaisirs; tout le reste de notre existence n'était que douleur, tristesse et pauvreté[1]! »

[1] Plutarque, *de Fortuna Romanorum.*

Et pourtant, là où les désordres de la nature s'unissaient à des conditions générales de salubrité, le type humain conservait sa dignité première. A l'époque où l'homme combattait avec sa hache de pierre contre l'éléphant, l'ours des cavernes, le rhinocéros et l'aurochs, notre Périgord n'en nourrissait pas moins une race magnifique, dont le vieillard des Eyzies est le représentant complet. Avec sa haute taille, ses membres athlétiques, son crâne aussi bien conformé et plus vaste que celui des Parisiens de nos jours, son grand nez aquilin et ses yeux abrités dans de profonds orbites, ce vieillard devait réaliser l'idéal de l'organisme humain le plus propre à dompter une nature sauvage et avoir toute la majesté d'un chef peau-rouge ou polynésien.

CHAPITRE II

Les premières migrations du sauvage. — Chasseur ou pêcheur, il vit de proie. — Double action de la faim : anthropophagie; meurtre ou abandon des vieillards, des infirmes, des bras inutiles ou faibles.

L'ethnique de *Koush*, appliqué aux populations noires par les traditions mosaïques, par les livres védiques et les monuments égyptiens, s'est conservé jusqu'à nos jours dans l'ethnologie de l'Inde, les Khassias de l'Himalaya et des monts Garows, les Kouch-Behar du Bengale, et sur plusieurs autres de la carte de l'Asie, tels que le Koushistan persan, la province de Cutch et la péninsule de Gudjirat (autrefois Koucha Sthali), dernières traces de la grande désignation de Koucha Dwipa, qui bien antérieurement aux dénominations brahmaniques et aryennes s'étendit sur les bassins de l'Indus et du Gange.

Des anthropophages aux cheveux crépus, à la peau noire, à la face prognathe, figurent dans les Vêdas sous le nom de Daisious et sous celui de Rakchasas dans le Ramayana. Ce dernier poëme, la plus antique des épopées, constate ainsi la présence de la branche nègre de la race humaine dans le sud du Deccan, à une époque qu'on ne peut guère reculer au delà du dix-septième siècle avant notre ère.

Expulsés de leur première patrie par la pression des peuplades puînées qui devaient constituer l'âge suivant, les Koushites s'écoulèrent par les extrémités péninsulaires de l'Asie méridionale et se répandirent sur les rivages les plus divergents des trois océans équatoriaux. Vers l'extrême Orient, ils ont peuplé les grands archipels de la Papouasie, le continent australien et ses annexes; laissant à chaque grande station de leur long pèlerinage, à Bornéo, aux Philippines, à Sumatra, à Formose, à Malacca, et, dans le golfe du Bengale, tout auprès de leur point de départ, aux Andamans et à Ceylan, des débris attardés de leurs migrations. Vers l'Occident, les plaines chaldéennes, la vallée du Nil et les oasis du Sah'ra ont été leurs étapes et leurs voies pour atteindre l'intérieur et les extré-

Première installation du sauvage.

mités opposées de l'Afrique. D'une part comme de l'autre, ces premiers pionniers de régions du Midi ne se sont arrêtés que là où la terre leur a

Habitation primitive.

manqué : en face des ondes et des vents du pôle antarctique, battant de front le cap des Tempêtes et les rocs basaltiques de la Tasmanie ; et c'est là aussi que, dans le marasme d'une enfance trop prolongée, nous voyons s'éteindre aujourd'hui les derniers descendants de leurs deux avant-gardes.

Ils eurent pour frères jumeaux sur les autres versants de l'Asie centrale :

Les peuples que le Kiang, le Hoang ho et le Saghalien conduisirent les premiers sur les rivages de l'Océan oriental, et dont les Aynos du Japon et des Kouriles nous paraissent conserver le type primordial, bien que ce type soit très-différent du premier, surtout chez les Aynos.

Ceux qui, nés entre les monts Célestes et l'Altaï, aux sources des grands cours d'eau de la Sibérie, descendirent de proche en proche avec eux vers le Nord, peuplent encore aujourd'hui les terres circumpolaires de l'ancien et du nouveau continent. Soumis à des conditions absolument différentes de celles qui pesaient sur des émigrants méridionaux, ils revêtirent des caractères distincts, et peut-être conservèrent mieux que tout autre rameau le type primitif tant qu'ils n'approchèrent pas outre mesure des régions vraiment polaires.

Un rameau hybride et tardif de ces branches septentrionales du tronc humain, remontant vers le midi le long des versants des montagnes Rocheuses et des Cordillères, a dû former la couche première de la population américaine.

Au sujet du peuplement de l'Amérique, nous ne

pouvons que répéter ce qu'un homme qui jouit dans les deux mondes d'une incontestable autorité, le commodore Maury, a écrit à ce sujet :

« Je suis convaincu que dès la plus haute antiquité, en supposant l'Océan régi par les mêmes lois physiques qu'aujourd'hui, les eaux du Pacifique ont été pratiquées par l'homme en balsas, en pirogues, en radeaux et autres grossières embarcations des premiers âges.

« Les îles Aléoutiennes ne produisent point de bois. Pour fabriquer les carcasses de leurs canots, leurs ustensiles de pêche, pour fouir et creuser les tanières souterraines qui leur servent de demeures, les grossiers habitants de cet archipel ne peuvent employer que du bois flotté. Or l'essence la plus commune que leur apporte la mer est le camphrier (*laurus camphora*) ; et les rivages les plus rapprochés où croît cet arbre sont ceux du Japon méridional ! Les courants portent donc des côtes orientales de l'Asie aux côtes nord-ouest de l'Amérique.

« Grâce à eux et aux vents régnant à certaines époques de l'année, *un tronc d'arbre suffirait à l'homme pour se rendre d'Asie en Amérique*, si cette arche primitive pouvait porter assez de provisions pour la traversée. »

Cette conviction est aussi celle de Lyell, autre

chef non contesté du mouvement scientifique moderne. S'étayant de nombreux exemples authentiquement constatés de navigations lointaines, acci-

La première embarcation.

dentellement opérées de nos jours par des insulaires de la Polynésie, il déclare que les espaces franchis en ces occasions sont tels que des accidents analogues peuvent très-bien avoir transporté des canots de divers points de la côte d'Afrique aux rivages opposés de l'Amérique méridionale, ou du littoral occidental de l'Europe aux îles Açores et de là aux Antilles et au continent américain. « L'homme, ajoute-t-il, dès les premiers et rudes débuts de son existence sociale a dû, indépendamment de sa volonté, être disséminé par les vents et les courants sur la surface du globe, d'une manière analogue à celle qui, encore aujourd'hui, propage au loin un grand nombre d'espèces végétales et animales.

« Il n'y a enfin aucun motif de s'étonner ou de douter que, pendant la série des siècles requis pour que certains groupes de la race humaine atteignissent à ce haut degré de civilisation qui permet au marin de traverser, avec sécurité et dans toutes les directions, l'étendue de l'Océan,— le reste du globe ne soit devenu la demeure de tribus errantes de sauvages, vivant de chasse et de pêche. »

Un autre rameau, détaché vers l'Occident, semble avoir fourni à notre Europe ses premiers habitants.

De loin en loin, dans les plaines immenses qui se déroulent des flancs de l'Oural à ceux des Alpes et des Pyrénées, un tombeau de gazon mis à jour, un repaire caverneux fouillé, révèlent par les ossements trapus, les crânes ravalés, les armes de quartz ou de silex qu'ils renferment, l'antique existence d'une race éteinte sans laisser d'héritiers sur le sol où elle a passé. Ainsi se trouvent confirmées les traditions conservées parmi les nomades du Lapmark, qui racontent à l'étranger assis aux foyers de leurs tentes enfumées, que leurs tribus n'ont pas toujours erré entre d'âpres rochers et des fondrières glacées ; mais que leurs aïeux habitaient à une époque immémoriale des climats plus doux et des terres plus fertiles, en ont été dépossédés, puis refoulés pied à pied vers le nord par les invasions de peuples plus jeunes et plus puissants.

Quelles que soient les dissemblances que des siècles non encore calculés, les habitudes d'être, les rayonnements du sol et de l'atmosphère aient creusées entre les restes des populations du premier âge ; qu'ils végètent sous les brumes glacées des terres arctiques ou sur les gradins brûlants de la haute Afrique ; qu'ils parcourent les plaines altérées de l'Australie ou se glissent sous les voûtes humides des forêts du Matagrosso et du Para, partout la contemporanéité de leurs origines se trahit par des caractères communs.

Partout leur existence est celle du chasseur. Ils errent en petits groupes d'un lieu à un autre, le long des cours d'eau ou sur les grèves de l'Océan, dans les profondeurs des bois ou à travers les hautes herbes des savanes, sans autre mobile que la recherche de leur nourriture quotidienne, dont la nécessité impérieuse a pu, dans des conditions favorables, développer leur instinct, mais a dû, à la longue et dans des conditions adverses, l'émousser en l'absorbant.

L'homme, à cette époque, vit encore à la manière des animaux. Comme eux il cherche sa proie, la combattant, la dévorant, et, ravalé souvent au-dessous d'eux par les besoins impérieux et la misère, n'hésitant pas à se faire cette proie parmi ses semblables eux-mêmes.

Le cannibalisme hideux, dont les historiens de l'antiquité ont accusé plusieurs peuplades de l'Europe et de l'Asie, est encore aujourd'hui une ressource alimentaire, aussi bien pour les Cafres ruinés par la guerre que pour les Américains du Maragnon et les Endamènes du Grand Océan. C'est une horrible inspiration de la vengeance et de la superstition pour beaucoup d'autres peuplades des deux continents et du monde maritime.

Des observations irrécusables des missionnaires anglais et français qui résident depuis un demi-siècle dans le sud de l'Afrique, il résulte que, pour les peuplades depuis longtemps pastorales et agricoles de ces régions (Cafres et Béchuanas), le retour à la vie d'hommes de proie, d'anthropophages enfin, se fait avec une désespérante facilité. Il suffit qu'une tribu ait été dispersée par la guerre, ait été dépouillée de ses troupeaux, pour que les groupes épars qui la constituaient se trouvent dans l'alternative de mourir de faim ou de vivre de chair humaine. « Aller manger de l'homme ! » est une expression qui remplace parmi ces populations le *væ victis* de l'antiquité classique.

En 1820, un déplacement violent des populations du bassin du Limpopo amena jusque sur les confins de la colonie du Cap une véritable invasion de barbares, qui peut donner, des premiers grands mouvements de peuples dont l'Europe a gardé le souvenir, une idée plus exacte que celles que nous puisons dans les historiens classiques. Ce torrent dévastateur fut refoulé vers le nord par les armes des colons ; mais de son flux et de son reflux il inonda les contrées intermédiaires, qui furent pendant plusieurs années le théâtre de massacres et de dévastations.

« Les champs restent incultes, dit un témoin oculaire, et la famine vient ajouter ses horreurs à celles de la guerre. Des populations entières succombent à ce double fléau. Les liens du sang et de l'amitié se relâchent et finissent par être entièrement méconnus. Chacun se livre au meurtre et au pillage. Enfin il se forme dans les montagnes des associations de cannibales qui, n'appartenant à aucun parti, prélèvent sur tous des victimes. Nous avons fréquemment visité les antres où ces misérables s'étaient établis. On y foule une couche épaisse de crânes à demi rôtis, d'omoplates, d'os concassés. On observe encore d'immenses taches rouges dans les recoins les plus reculés de ces repaires. C'est là qu'on dépeçait les chairs ; le sang a pénétré si avant dans le roc que la trace ne s'en effacera jamais[1] ! »

L'homme, tout le constate, s'est élevé bien lentement au-dessus de l'animalité. On voit par quelle pente rapide il s'y replonge.

Nous trouvons dans le même auteur un récit d'une visite à ces *hommes des cavernes*, nos contemporains, récit qui pourrait, croyons-nous, élucider l'histoire de ces autres troglodytes, dont la science moderne veut faire les aînés de notre race :

« .... Je fus député par Makara, le chef de mon village natal, pour racheter une de ses femmes tombée au pouvoir de ces cannibales. Il nous remit six bœufs pour sa rançon. Nous partîmes à l'aube du jour et arrivâmes à notre destination

[1] E. Casalis, *les Bassoutos*. Paris, 1859.

comme les ombres des montagnes s'allongeaient dans la plaine. Les cannibales auxquels nous avions affaire avaient établi leurs gîtes dans une immense caverne entourée de fourrés épineux et de rochers éboulés. Quelques femmes qui rentraient à ce repaire, en portant sur la tête des paniers pleins de racines, nous apprirent que la jeune captive que nous désirions ramener à sa famille vivait encore, et nous assurèrent que nos bœufs seraient reçus en échange. Ces paroles nous donnèrent un peu de courage. Nous gravîmes, sans trop d'hésitation, la pente rapide qui conduisait à l'antre des anthropophages. Mais à peine fûmes-nous arrivés que nos jambes commencèrent à trembler et qu'un froid glacial parcourut nos membres. Ce n'étaient partout que crânes, mâchoires, ossements brisés. Une femme découvrit un pot placé sur le foyer, et nous vîmes s'élever une main gonflée par la cuisson.

« Les hommes, nous dit-on, étaient allés à la chasse. Nous ne tardâmes pas à comprendre ce que signifiaient ces mots. Ils arrivèrent bientôt, armés de massues et de javelines, poussant un captif devant eux et lui criant : « Ouah ! ouah ! » comme font les Bassoutos lorsqu'ils conduisent un troupeau de bœufs. Ce captif était un jeune homme grand, bien fait, d'un beau visage. Il marchait d'un pas ferme. On le fit asseoir au centre de la caverne. Il nous entendit, mais sans paraître y faire attention, expliquer l'objet de notre venue. Quelques instants après, on lui passa un lacet autour du cou et on l'étrangla. Je cachai ma tête dans mon manteau; mais lorsque je supposai que ce pauvre jeune homme était mort, je me découvris pour ne pas offenser mes hôtes. Le dépècement se fit de tout point comme si c'eût été une pièce de gros bétail. Nous eussions bien voulu repartir aussitôt, au risque de nous égarer pendant la nuit, mais on nous dit qu'il fallait attendre jusqu'au lendemain. Force fut donc de nous résigner. Nous puisâmes quelques poignées de farine rissolée dans nos sacs de voyage, bûmes un peu d'eau, puis nous nous blottîmes dans nos manteaux, aussi près que possible les uns des autres.

« Longtemps avant que le coq chantât, nous fûmes réveillés par un bruit affreux. C'était une femme aux prises avec son mari. Plusieurs cannibales étaient accourus. La malheureuse les suppliait d'avoir pitié d'elle. J'entendis répéter plusieur fois ces mots : « Elle est incorrigible, il faut la manger! — Mes seigneurs, mes pères, criait-elle, ne me tuez pas, je vous serai soumise! » On se consulta pour savoir s'il fallait l'épargner. Je tremblais de tout mon corps. Enfin on la lâcha, et je ne pus m'empêcher de penser que l'abondance de vivres qu'avaient ces misérables ne contribuait pas peu à les adoucir dans ce moment.

« Le lendemain, après de longs pourparlers, on nous remit notre parente. C'était, au dire des cannibales, une grande faveur. Six bœufs gras ne valaient pas la jeune personne.

« Makara fut enchanté de revoir sa femme ; mais elle ne tarda pas à s'évader et à retourner d'elle-même dans l'antre d'où nous l'avions arrachée. Elle s'y était fait des amis et avait pris goût à la chair humaine[1] ! »

La misère, mauvaise conseillère, ne peut être l'excuse des Vitiens qui habitent l'archipel le plus fertile et le mieux doué, sous le rapport des productions, de tout l'océan Pacifique.

A un repas public, un voyageur moderne vit une fois « deux cents hommes occupés pendant près de six heures à réunir et à entasser des aliments apprêtés. Il y avait six monceaux d'ignames, de taro, de vakalodo, de porcs et de tortues : le tout montait à environ cinquante tonneaux d'ignames cuits et de taro, quinze tonneaux de pouding doux, soixante-dix tortues, cinq charretées de yakona, et environ deux cents tonneaux d'igna-

[1] E. Casalis, ouvr. cité, p. 21-23.

mes frais. A un festin donné à Lakemba, un pouding mesurait 21 pieds de circonférence[1]. » Pourtant le cannibalisme est devenu chez eux si habituel, que tous les mots qui signifient cadavre impliquent une idée de comestible.

Beaucoup de chefs des Vitis, contemporains des deux dernières générations, se sont rendus fameux comme consommateurs de chair humaine. Mais les souvenirs qu'ils ont laissés à cet égard pâlissent devant celui de Ra-Undécunde, chef de Rakiraki. Ses sujets le comparaient à un gouffre toujours béant dans l'attente d'une victime.

La fourchette dont se servait ce monstre était honorée d'une désignation particulière. On l'appelait *Undro-undro*, mot par lequel on dépeint d'ordinaire une petite personne ou une petite chose supportant un grand fardeau. Cet ustensile fut donné en 1849 à un missionnaire anglais par Ra-Vatu, fils et héritier du terrible gastronome. Nouveau converti, Ra-Vatu parlait fort librement des goûts hideux de son père. Ayant conduit M. Lyth (le missionnaire en question) à un mille environ de l'enceinte de sa bourgade, il lui montra des rangées de blocs de pierres dont chacun représentait un des corps mangés par l'ogre dé-

[1] Williams, *Viti et les Vitiens*, vol. I, p. 215.

funt. Il y avait *huit cent soixante-deux* de ces *pierres de témoignage*, et, en tenant compte des vides que le temps avait faits dans leurs rangs, on pouvait admettre que leur nombre total s'était élevé au moins à *neuf cents!*

Dans ces mêmes îles, lorsque les infirmités inséparables d'un grand âge ne laissent plus qu'une existence misérable aux vieillards, le soin d'y mettre un terme est réservé aux plus proches parents et aux enfants. Une fosse est préparée; celui qui doit mourir y descend de lui-même et son bourreau l'y attend. Lorsque le vieillard s'est assis ou plutôt accroupi à la manière des sauvages, on le frappe d'un coup de massue sur la tête, et s'il ne succombe pas du premier coup, l'exécuteur, toujours inexorable, redouble avec fureur jusqu'à ce que la mort ait étouffé les cris et trop souvent les supplications de la victime[1].

Un témoin déjà cité, le missionnaire Williams, raconte qu'ayant fait une visite au roi de Somosomo, il fut très-étonné d'apprendre trois jours après que Sa Majesté était décédée et qu'on faisait déjà les apprêts de ses funérailles; sa surprise augmenta lorsque s'étant rendu à la demeure

[1] Voy. Dumont d'Urville, *Deuxième voyage*, t. IV, p. 255.

Meurtre des vieillards.

royale, il vit et trouva le prétendu défunt bien vivant et avec pleine connaissance, quoique affligé d'une toux opiniâtre. La première femme du monarque et l'un de ses serviteurs préparaient très-tranquillement les ornements et les rosettes qui devaient parer le corps, suivant l'étiquette prescrite chez les Vitiens. Le jeune prince prétendait que si le corps de son père était encore mû par les ressorts mécaniques, l'esprit était déjà envolé. La toilette funéraire achevée, le roi fut emporté hors de la maison, non par la porte, mais par une brèche pratiquée dans la muraille. Le convoi se mit en marche, et dès que l'on fut arrivé au lieu de l'enterrement, on dépouilla le monarque de ses ornements, on le descendit dans la fosse, on le recouvrit de terre, et on l'étouffa ainsi, pendant que ses sourds gémissements se faisaient encore entendre sous le tertre qui s'élevait toujours.

Aux Vitis, comme à Dahomey et en Ashenty, l'étiquette veut que le tombeau d'un personnage considérable soit, pour ainsi dire, pavé de cadavres. Un chef important a droit à plusieurs victimes. Il est même naturel que son meilleur ami lui donne une preuve d'affection en s'immolant sur sa tombe. Souvent aussi on enterre avec le défunt quelque gaillard vigoureux, capable de le défendre, au moyen du bâton qu'on lui met en main, contre les méchants esprits. Les parents même et les connaissances du mort ne sont pas exemptés de payer tribut à ce féroce usage. Quelques-uns se condamnent à être marqués d'un fer rouge, tandis que d'autres subissent des mutilations de différents genres. L'ordre fut donné un jour d'abattre une centaine de doigts pour les suspendre tout autour de la maison d'un roi défunt ; mais la quotité de l'impôt fut, à ce qu'il paraît, réduite à soixante, et le déficit fut comblé par le cadavre d'une vieille femme.

« A la Nouvelle-Zélande, lorsqu'un chef vient à mourir, un ou plusieurs esclaves, suivant le rang du défunt, sont immolés sur son corps. Ce sacrifice a un double but : d'abord, d'apaiser le wai-doua du défunt (ses mânes) et d'arrêter l'effet de son courroux sur ceux qui survivent, ensuite de procurer au mort les moyens d'être servi dans l'autre vie comme il l'était dans celle-ci. L'esclave qui a maudit son maître ne peut éviter d'être sacrifié; car on croit que c'est l'unique moyen d'apaiser l'Atoua et d'échapper à la malédiction proférée par la malheureuse victime.

« Les corps des esclaves immolés à la mort des chefs et en leur honneur devraient être à la rigueur déposés près de ces derniers et subir le même sort; mais, le plus souvent, les sacrificateurs préfèrent les *manger*[1]. »

Les chefs zélandais se croient obligés, par suite de leurs préjugés, de venger la mort de leurs parents tombés sur le champ de bataille ou supposés victimes du poison ou d'un enchantement. — Un jeune chef de la baie des Iles meurt après une visite à la rivière Tamise. Son père, ayant sacrifié plusieurs esclaves à ses mânes, porta la guerre chez la tribu soupçonnée, sur les bords de la Tamise. Il la détruisit entièrement, et, quelques mois après, on montrait comme une curiosité la plage, déserte alors, qu'il avait couverte de cadavres dépecés et dont il avait fait une sorte d'immense étal de boucher[2].

A son retour d'Angleterre, où il avait trompé la cour et la ville par la dignité de sa tenue et la réserve de ses manières et de son langage, Shonghi, le chef le plus puissant de la baie des Iles, apprit qu'en son absence un de ses parents avait été tué dans une rixe, à la baie Mercure. Il rassembla sa tribu et se rendit sur ce point du littoral, qu'il dévasta par le fer et le feu; et on apprit, peu après, qu'il y avait sacrifié un millier d'hommes à sa vengeance, dont trois cents furent

[1] D'Urville, *Premier voyage*, t. III, p. 554.

[2] Voy. Marsden, *Voyage à la Nouvelle-Zélande*.

rôtis et mangés sur le champ de bataille ! Shonghi immola lui-même le chef des ennemis, lui coupa la tête, en arracha l'œil gauche, puis, après l'avoir baigné avec du sang dans le creux de sa main, il l'avala[1].

Homo duplex !... Voilà des hommes ravalés au niveau des brutes carnassières par la violence de leurs passions et de leurs préjugés. Eh bien, un recueil de leurs traditions de familles et de leurs conceptions théogoniques, colligé par un Européen de tête et de cœur sous la dictée, pour ainsi dire, de leurs derniers grands prêtres et de leurs chefs de clans, montre surabondamment que ces mêmes hommes ne sont étrangers à rien de ce qui constitue l'humanité progressive et prouve qu'au fond de leurs cœurs ils portent le germe des sentiments délicats et chevaleresques, disons plus, de la haute poésie[2]. Deux emprunts faits à ce recueil nous fourniront les preuves de cette assertion.

[1] *Missionary Register*, 1822.

[2] *Polynesian Mythology and ancient traditional History of the New-Zealand Race, as furnished by their priests and chiefs.* By sir George Grey, governor-in-chief of New-Zealand, 1855.

I

FRAGMENT COSMOGONIQUE

A l'origine des choses, les hommes n'ont eu qu'un couple d'ancêtres; ils sont nés du vaste ciel qui se développe au-dessus de nous, et de la terre qui s'étend sous nos pieds....

Alors, le ciel et la terre n'étaient pas séparés et les ténèbres les enveloppaient de toutes parts.... Et les enfants qui étaient nés d'eux se demandaient en eux-mêmes quelle pouvait être la différence entre l'obscurité et la lumière. Ils s'étaient multipliés, ils avaient crû et cependant nul rayon n'avait jamais brillé sur leurs fronts : la nuit pesait continuellement sur eux....

Et fatigués de ces éternelles ténèbres, ils se consultèrent entre eux, disant : Que faut-il faire de nos parents? Faut-il les tuer ou les séparer?...

Parmi ces rudes premiers-nés de la création, il y avait le père des forêts et de tous les êtres qui en font leur demeure, le père des vents et des tempêtes, le dieu et le père des poissons et des reptiles, les dieux et les pères de la nourriture cultivée et des plantes alimentaires qui germent sans culture, et enfin le dieu et le père de la farouche humanité. Et tous ensemble, ayant délibéré, arrêtèrent de séparer à jamais l'époux de l'épouse; de laisser le ciel s'arrondir au-dessus de leurs têtes, et la terre s'étendre sous leurs pieds....

« Que le ciel, dirent-ils, nous devienne étranger, et que la terre demeure auprès de nous comme notre mère nourrice.... »

Et ce qu'ils avaient conspiré, ils l'exécutèrent violemment. Et le ciel ne fut pas plutôt séparé de la terre *que les ténèbres furent rendues visibles et la lumière naquit*....

. . . .

Depuis ce temps le vaste ciel est resté séparé de sa compagne la terre. Mais leur mutuel amour dure encore. Du cœur aimant de l'épouse, de doux et passionnés soupirs s'exhalent toujours vers celui qu'elle regrette; on les voit s'élever le long des montagnes boisées et des profondeurs escarpées des vallons, et les hommes leur donnent le nom de *brouillards*. De son côté, le vaste ciel, quand il vient à penser, durant les longues nuits, à sa séparation d'avec sa bien-aimée, laisse tomber de fréquentes larmes qui parviennent jusqu'à elle.... et les hommes appellent cela *rosée*.

II

COMMENT LA GUERRE S'ÉTEIGNIT ENTRE LES TRIBUS DE TARANAKI ET DE NGATI-AWA

La tribu de Taranaki, sous son chef Rangira-Runga, possédait, il y a plusieurs générations, un pah renommé pour la solidité de ses fortifications. On l'appelait Whaka-Rewa; c'était un très-grand pah. Si Rangira-Runga en était fier, il pouvait l'être aussi de son unique enfant, une fille nommée Rau-Mahora, dont la réputation de beauté était telle qu'elle s'était répandue au loin dans Ika-Na-Mawi et dans les îles environnantes.

En ce temps, Te-Rangi-Apitiroua, chef des Ngati-Awa, qui avaient leur pah principal sur le sommet qui domine New-Plymouth, là où se trouve aujourd'hui la résidence du gouverneur de la province, Te-Rangi-Apitiroua avait un fils nommé Takarangi. C'était le héros de sa tribu ; lui aussi, naturellement, avait entendu parler de Rau-Mahora, et il se pouvait bien que parfois, à travers ses rêves de guerre et de renommée, se glissât, comme un rayon de l'aube sous une nuée nocturne, la vague image de la jeune fille.

De vieilles querelles, aigries depuis longtemps, ayant tout à coup fait éclater la guerre entre les tribus de Te-Rangi-Apitiroua et celle du père de Rau-Mahora, l'armée des Ngati-Awa marcha contre le pah de Rangira-Runga, investit la forteresse, lui livra assaut sur assaut, mais ne put toutefois s'en emparer.

Alors les assaillants, changeant de tactique, bloquèrent hermétiquement le pah, dont la garnison par le manque de vivres et surtout par la privation absolue d'eau fut bientôt réduite à toute extrémité.

Enfin le vieux chef, Rangira-Runga, vaincu par la soif, vint s'asseoir sur le bastion le plus élevé des défenses du pah, et, s'adressant aux assiégeants, il leur dit à haute voix : « Je vous prie de me donner une goutte d'eau. »

Touchés de cet appel du vieillard, quelques guerriers ennemis lui répondirent : « Qu'il soit fait selon tes désirs !... » et l'un d'eux courut vers lui avec une calebasse pleine d'eau ; mais d'autres, en plus grand nombre, s'élevèrent contre cet acte de générosité intempestive et brisèrent la calebasse entre les mains de leur camarade, de sorte que pas une goutte d'eau ne put parvenir jusqu'au pauvre vieillard.

Et cette tentative fut renouvelée plusieurs fois et toujours en vain.

Tandis que le vieux chef du haut de sa muraille contemplait les ennemis se disputant entre eux, il reconnut, à ses insignes, celui qui commandait les assiégeants.

Alors tout le monde entendit la voix du vieillard retentissant de nouveau du haut de son bastion dans la plaine : « Qui es-tu, toi, dont la chevelure, relevée par un peigne d'os de baleine, porte un panache formé des plumes soyeuses du héron blanc? Ce sont là les symboles du commandement. »

Le chef ennemi, élevant à son tour la voix, répondit : « Celui qui est devant toi est Takarangi. » Et le vieux chef du pah, s'adressant encore à lui : « Jeune guerrier, as-tu le pouvoir d'apaiser le flot en courroux, qui bouillonne sur les rochers cachés de l'O-rongo-Mai-ta-Kupe plein d'écueils? » Il voulait dire : Malgré ton rang élevé, seras-tu assez fort pour calmer le courroux de ces hommes cruels? Mais le jeune chef reprit avec orgueil : « Le flot en courroux s'apaisera, car ce bras est un de ceux que pas un chien n'ose mordre. » Il entendait par là qu'aucune main plébéienne n'oserait toucher à son bras que des actions d'éclat et son rang avaient rendu sacré, et que personne ne contesterait non plus sa volonté. Mais voici ce que Takarangi pensait réellement : Ce vieillard mourant est le père de Rau-Mahora, de cette charmante jeune fille. Ah! quels seraient mes regrets si une aussi jeune et aussi innocente créature mourait dans les angoisses de la soif!

Alors il se leva et alla avec dignité remplir une calebasse à une fraîche source nommée Fount-Oringi, et il porta cette eau au vieillard et à sa fille. Pas un mot ne fut dit, pas un mouvement ne fut fait parmi cette multitude d'hommes violents et furieux, mais tous, appuyés sur leurs armes, regardaient dans le silence et l'étonnement. Cette mer, si agitée peu d'instants auparavant, était devenue calme ; ils étaient tous timides et respectueux en présence du héros. Et l'eau puisée par Takarangi fut offerte par lui au vieux chef. Cependant on entendit de nouveau la voix de Takarangi : « N'ai-je pas dit qu'aucun chien n'oserait mordre cette main ? Voilà de l'eau pour toi, vieillard, pour toi et pour cette jeune fille. » Ils burent alors tous deux, et Takarangi contempla avec amour Rau-Mahora et elle aussi leva sur Takarangi des yeux pleins de reconnaissance et de tendresse. Ils se regardèrent ainsi longtemps, et quand les guerriers de Takarangi cherchèrent à voir où était leur chef, ils s'aperçurent qu'il avait escaladé les murailles et qu'il était assis auprès du vieillard et de sa fille. Ils se dirent alors entre eux : « Notre chef Takarangi aime la guerre, mais il pourrait bien se faire qu'il aimât tout autant Rau-Mahora. »

Alors une pensée soudaine frappa l'esprit du vieux chef, du père de Rau-Mahora ; et s'adressant à sa fille, il lui dit : « O mon enfant, vous plairait-il d'accepter ce jeune chef pour époux? » Et la jeune fille répondit simplement : « Je l'aime ! » Alors le vieillard consentit à ce que sa fille devînt la femme de Takarangi, et, dès ce moment, la guerre fut terminée. L'armée de Takarangi se dispersa, chaque homme retourna dans son village, et les hostilités cessèrent à jamais entre ces tribus.

Les descendants de Rau-Mahora habitent la province de Wellington. C'est la nombreuse famille de Te-Puni, tous ses enfants et ses alliés. Ils comptent aujourd'hui cinq générations écoulées entre leur chef actuel et leurs ancêtres vénérés, le héros Takarangi et la belle Rau-Mahora.

Les Sarmates du temps d'Hérodote, les insulaires d'Irlande et de Sardaigne, et même quelques Massagètes, suivant Strabon, donnaient à leurs parents devenus vieux leurs estomacs pour tombeaux. Ce même fait atroce a été observé, dans le siècle dernier, chez les Battas de Sumatra, et de nos jours, parmi les Garrows des forêts du Brahmapoutre. L'abandon ou le meurtre des vieillards, devenus par leur faiblesse un fardeau pour ceux qu'ils ont élevés ; l'exposition des malades, et dans certains cas, des nouveau-nés, à la dent des bêtes fauves ; l'immolation des enfants en bas âge dans la fosse mortuaire de leur mère : tous ces produits monstrueux du sommeil de la conscience humaine, existent, à l'état d'usages consacrés, chez les sauvages des régions arctiques comme parmi ceux qui foulent les contrées équatoriales.

Les voyageurs modernes qui ont exploré les régions circumpolaires ont constaté que, chez les Groënlandais, les Esquimaux, tous les habitants enfin des *landes stériles* d'Amérique, les bouches inutiles, les bras faibles, ou trop vieux ou trop jeunes, sont non-seulement sacrifiés, mais dévorés dans les temps de disette.

Il existe chez les Bushmens une coutume d'après laquelle lorsqu'une mère vient à mourir en laissant un enfant qui ne peut encore pourvoir lui-même à sa subsistance, celui-ci est enterré vivant avec le cadavre de celle qui lui donna le jour[1].

Cet usage a aussi force de loi parmi les tribus de l'Australie :

Aux funérailles d'une jeune femme, dit l'amiral Dumont d'Urville, lorsque le cadavre fut descendu dans la fosse, les spectateurs furent bien surpris de voir le père lui-même placer l'enfant vivant avec la mère; il jeta dessus une grosse pierre et la tombe fut immédiatement comblée de terre par les naturels. Cela se fit si rapidement que les Européens présents n'eurent ni le temps, ni la présence d'esprit nécessaires pour l'empêcher.

Kol-bi, le père de la petite victime, se justifia en disant que, comme il n'aurait pu trouver personne pour nourrir l'enfant, celui-ci était condamné à mourir d'une mort bien plus cruelle que celle qu'on lui avait fait subir[2].

Et cependant, nous devons le répéter, le cœur humain est insondable : le cri qui s'en élève parfois, même chez ces natures sauvages, atteint à l'éloquence la plus touchante. Un autre voya geur, de nos contemporains, rencontra un jour, en parcourant l'intérieur de la Nouvelle-Galles,

[1] Moffat, *Vingt-cinq ans de séjour dans le sud de l'Afrique.*
[2] Voy. *le Voyage de l'*Astrolabe, t. I, p. 479.

une misérable créature en haillons, hâve, épuisée, se soutenant à peine et cherchant des racines pour prolonger sa chétive existence. Elle portait sur son dos une sorte de paquet informe ; c'était le cadavre de son enfant, dont elle n'avait pas voulu se séparer. Chargée nuit et jour, depuis trois semaines déjà, de ce pauvre corps en putréfaction, elle vouait encore à ces restes chéris la même affection que s'ils eussent continué de présenter la jeunesse et la beauté en fleur. Ce qu'elle voyait là, c'était toujours son enfant! Ainsi cette femme, née parmi les sauvages, élevée en sauvage, qui ne savait rien des sentiments raffinés de nos sociétés, déployait dans sa naïve simplicité tout ce que l'amour maternel peut renfermer de tendresse.

Malheureusement, la réciprocité de ces sentiments, l'affection et le dévouement des enfants pour la mère, n'existe point chez les sauvages.

Écoutons à ce sujet un témoin déjà cité :

« Un matin, m'étant écarté de mon wagon avec un de mes hommes pour aller à la recherche de l'eau dont nous étions privés depuis l'avant-veille, nous découvrîmes, à une certaine distance, une légère fumée sortant du milieu de quelques buissons qui bordaient un ravin. Nous y courûmes, espérant que c'était là l'indice de quelque source ou mare.... En arrivant à l'endroit d'où s'élevait la fumée, nous aperçûmes un spectacle à fendre le cœur. Une vieille femme d'un aspect vénérable était là, accroupie la tête sur ses genoux, devant un foyer à demi éteint. Son extrême maigreur la faisait ressembler à un squelette vivant. Notre vue, la mienne surtout, parut la terrifier; elle essaya de se lever, mais, tremblante de faiblesse, elle retomba affaissée sur le sol. L'interpellant du plus doux de tous les noms, de celui qui charme jusqu'à l'oreille du sauvage : « Ma mère, lui dis-je, « ne crains point; nous sommes tes amis, nous ne « te ferons pas de mal. » Mais comme elle semblait muette et paralysée par la frayeur : « Ma « mère, lui répétai-je, dis-nous, je t'en prie, qui « tu es et pourquoi tu te trouves dans cet état. » Elle me répondit alors : « Je suis une femme; il « y a quatre jours que je suis ici; mes enfants « m'ont abandonnée *pour* que je meure! — Tes « enfants! — Oui, dit-elle en portant la main à « son sein desséché, mes propres enfants : trois « fils et deux filles. Ils sont partis là-bas, du côté « de cette montagne bleue, et m'ont laissée ici « pour que je meure. — Et pourquoi t'ont-ils « abandonnée dans cette solitude infestée de « lions? » Alors étendant ses bras décharnés : « Je « suis vieille, comme tu vois, et je ne puis plus les

« servir ; quand ils tuent du gibier, je suis trop « faible pour les aider à le rapporter au kraal ; je « ne puis plus chercher du bois pour alimenter « le foyer, et je ne puis plus porter leurs enfants, « comme autrefois !... C'est la coutume parmi « nous[1]. »

Hâtons-nous d'ajouter qu'il y a dans cet abandon ou le meurtre des vieillards le résultat de lois ou de coutumes engendrées sans doute par la sévérité des conditions d'existence qu'impose la vie sauvage. Ces mêmes hommes qui se rendent coupables de parricide ont été jusque-là des fils soumis et respectueux. Nulle part peut-être la vieillesse ne donne plus d'autorité que chez les tribus où elle est condamnée à mort quand elle dégénère en décrépitude. Le fait est attesté par une foule de voyageurs. Lang trouve même que bien souvent, et chez les Australiens en particulier, les vieillards abusent de leur ascendant et font peser sur les jeunes gens une insupportable tyrannie[2].

Donc, à peu d'exceptions près, les sauvages du premier âge, dans leurs rapports de peuplade à peuplade, d'individu à individu, sont restés ce que la nature a été pour eux dans le début, sans pitié.

[1] Moffat, ouvr. cité, p. 90.
[2] Cité par Lubbock, *les Origines de la civilisation*, p. 441.

Dans la rudesse de son contact, ils ont perdu leur libre arbitre et fatalement, dans ses austères leçons, n'ont puisé que le développement de l'instinct

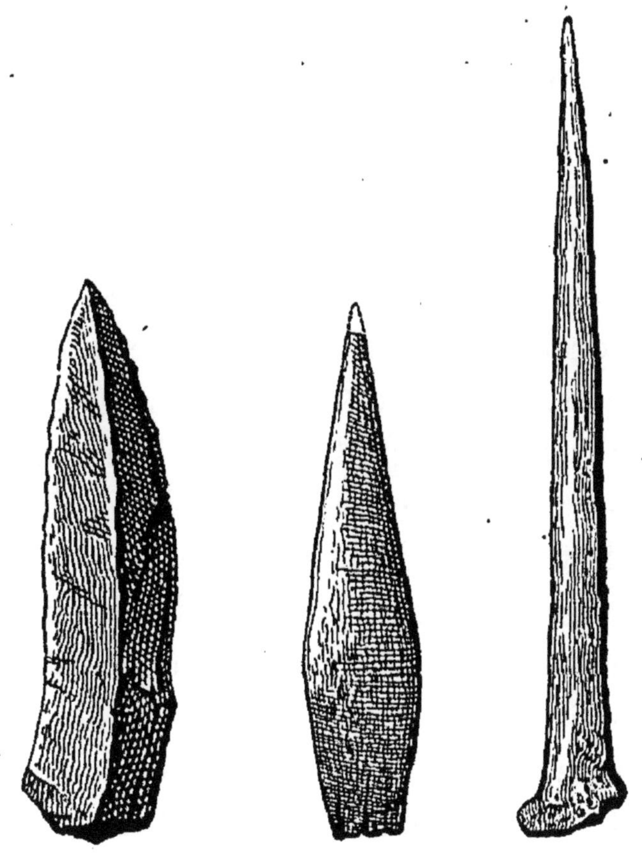

Les premières armes.

1. Couteau en silex. — 2. Poinçon en bois de chevreuil.
3. Tête de flèche en bois.

personnel aux dépens des germes des instincts généreux. De là l'abus de la force dans toute sa hideur; l'oppression du faible jusqu'à l'esclavage et à la mutilation, jusqu'au meurtre et à l'anthropophagie; l'exploitation tyrannique de la femme et sa dégradation jusqu'à la bestialité; la vengeance et la cruauté érigées en vertu, les terreurs de l'ignorance en articles de foi; l'horreur de la mort poussée jusqu'à la négation du décès naturel et multipliant la mort violente par des expiations sans fin. De là, pour la foule, le besoin d'intermédiaires entre ses préjugés et les phénomènes incompris de la terre et du ciel, et cette attribution usurpée par la monomanie furieuse ou l'imposture adroite, considérées comme puissances mystérieuses. De là sont sortis ces cultes sans nom rendus à tout ce qu'il y a d'horrible et d'anormal ici-bas; ces monstres des eaux et des bois nourris dévotement de la chair et du sang des hommes ; ces dieux-serpents, précipités du sol de l'Inde par les foudres d'Indra, et trouvant encore après cinquante siècles des temples et des adorateurs aux deux extrémités de la zone équatoriale du monde; et ces chefs de peuplades, faits à l'image de telles divinités, trônant sur des ossements, le front, les bras, les pieds chargés de dépouilles humaines, vivant en bouchers dans un abattoir d'hommes, et ne trouvant leur dernier sommeil que dans un charnier incessamment arrosé de sang humain. De là, enfin, toutes ces superstitions inqualifiables, ces pratiques cruelles ou orgiaques qui ont laissé des stigmates flétrissants dans les institutions de l'âge suivant, partout où celui-ci a recouvert un fond khoushite de population, et dont ces paroles, recueillies comme un écho des temps antérieurs par le plus ancien des Védas, nous apparaissent comme le résumé métaphysique, la pensée justificative et la sombre genèse :

« Au commencement, il n'existait rien en ce monde, rien, si peu que ce fût; tout était enveloppé par la mort, par la faim, car la mort c'est la faim [1] !... »

[1] Vrihab Aranyakham. — *Mrityou Brahmana.*

CHAPITRE III

Industrie, arts et langage du premier âge. — Demeures, vêtements, tatouages, danses.

De même que les vertus sociales, les facultés industrielles ont été atrophiées par la misère chez les peuples enfants et n'ont abouti qu'à des inventions de nécessité absolue. Des lances, des harpons, des assommoirs de pierre ou de bois, des lignes grossières, un tronc d'arbre creusé par le feu ou le temps, une peau de cétacé ou une écorce d'arbre arrangée en manière de pirogue, forment tout leur arsenal de guerre, de chasse et de pêche. L'usage de l'arc et des flèches n'a pas encore aujourd'hui pénétré dans toutes leurs peuplades, et celui de la voile et du balancier, sans lequel il n'est pas de longue navigation possible, est toujours ignoré de la plupart d'entre elles. L'emploi des matières textiles leur étant également inconnu,

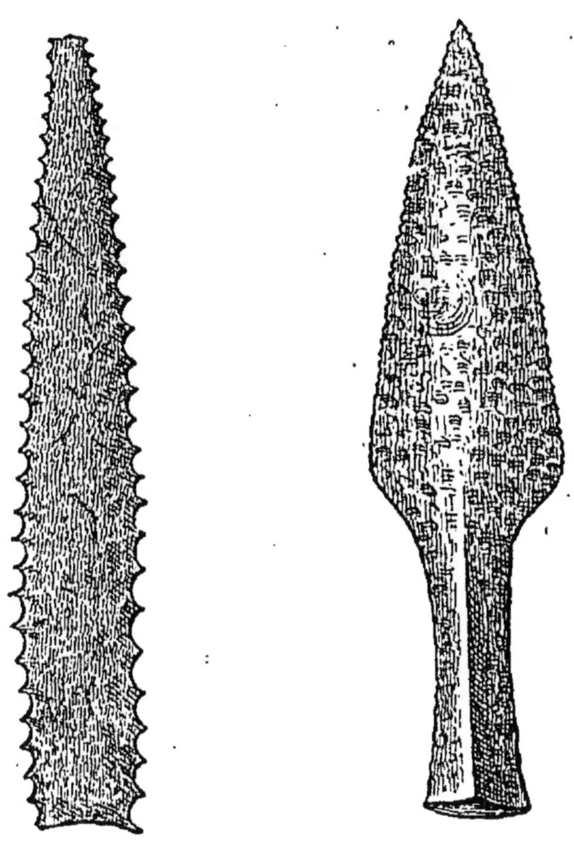

Armes primitives : pointe de lance et poignard en silex.

ils n'ont pour vêtements que la dépouille des animaux qu'ils ont dévorés ou la feuille des bois qui protégent leurs demeures.

Dans la construction de celles-ci, quelle que soit la matière que le climat leur ait fait adopter, terre battue ou blocs de glace, peaux de bêtes ou nattes de roseaux, ils ne se sont jamais élevés au-dessus d'un type commun à leurs tribus les plus

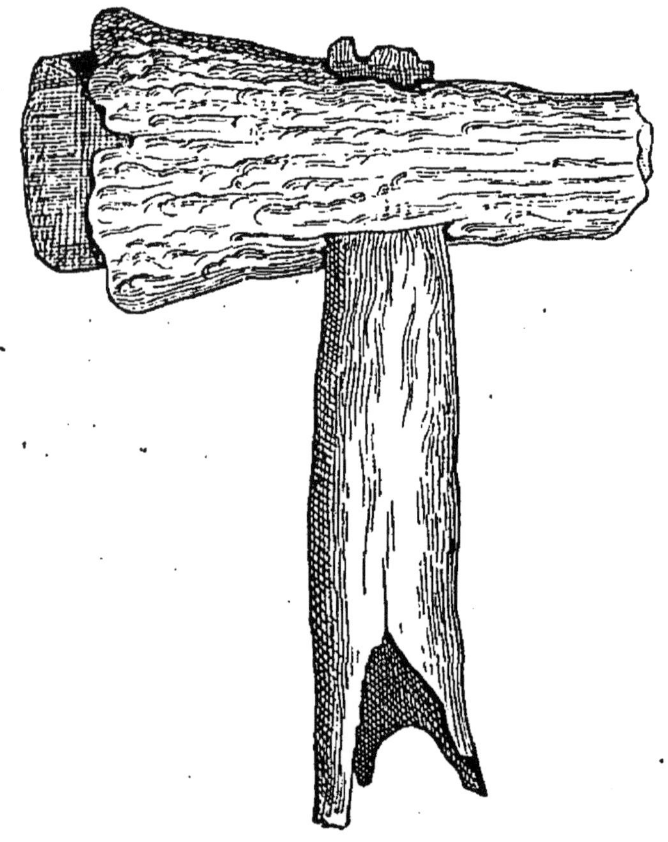

Hache en silex[1].

avancées, la hutte ronde ou conique ; et leurs conceptions sont, dans d'immenses espaces, demeu-

[1] Cette hache, dessinée d'après l'ouvrage de M. Boucher de Perthes, est composée d'un tranchant en silex monté dans un morceau de bois de cerf, lequel est lui-même muni d'un manche en bois de chêne.

rées au-dessous. Ainsi, dans les forêts centrales de l'Amérique du Sud, un simple ajoupa ou toit de feuillées jeté sur un cercle de pieux ; dans certaines parties de la Nouvelle-Guinée et de la Guyane, une aire de quelques pieds de surface, perchée sur les hautes branches des gigantesques végétaux de ces régions ; chez les Bushmens des bords du Gariep, les Sauneys du Kalamare et les indigènes de l'Australie, une saillie, une fissure de rochers, moins que cela, un creux dans le sol, sous un buisson dont le sommet se recourbe en voûte ; moins encore, un auvent d'écorce interposé entre leurs flancs nus et les intempéries de l'atmosphère, voilà le gîte, la tanière, le nid où mâle, femelle et petits s'entassent pêle-mêle, pour digérer la proie du jour et rêver à celle du lendemain !

L'architecture est, dit-on, la matrice commune des autres arts ; on peut juger, par l'état embryonnaire où elle est restée chez les descendants des Koushites, des faibles linéaments de plastique qui ont été le résultat des évolutions étroites de leurs facultés.

Nulle part ils n'ont cherché à créer hors d'eux-mêmes l'idéal que peut rêver leur imagination discordante ; mais c'est sur leur propre corps qu'ils s'efforcent de le réaliser. Des couches de graisse

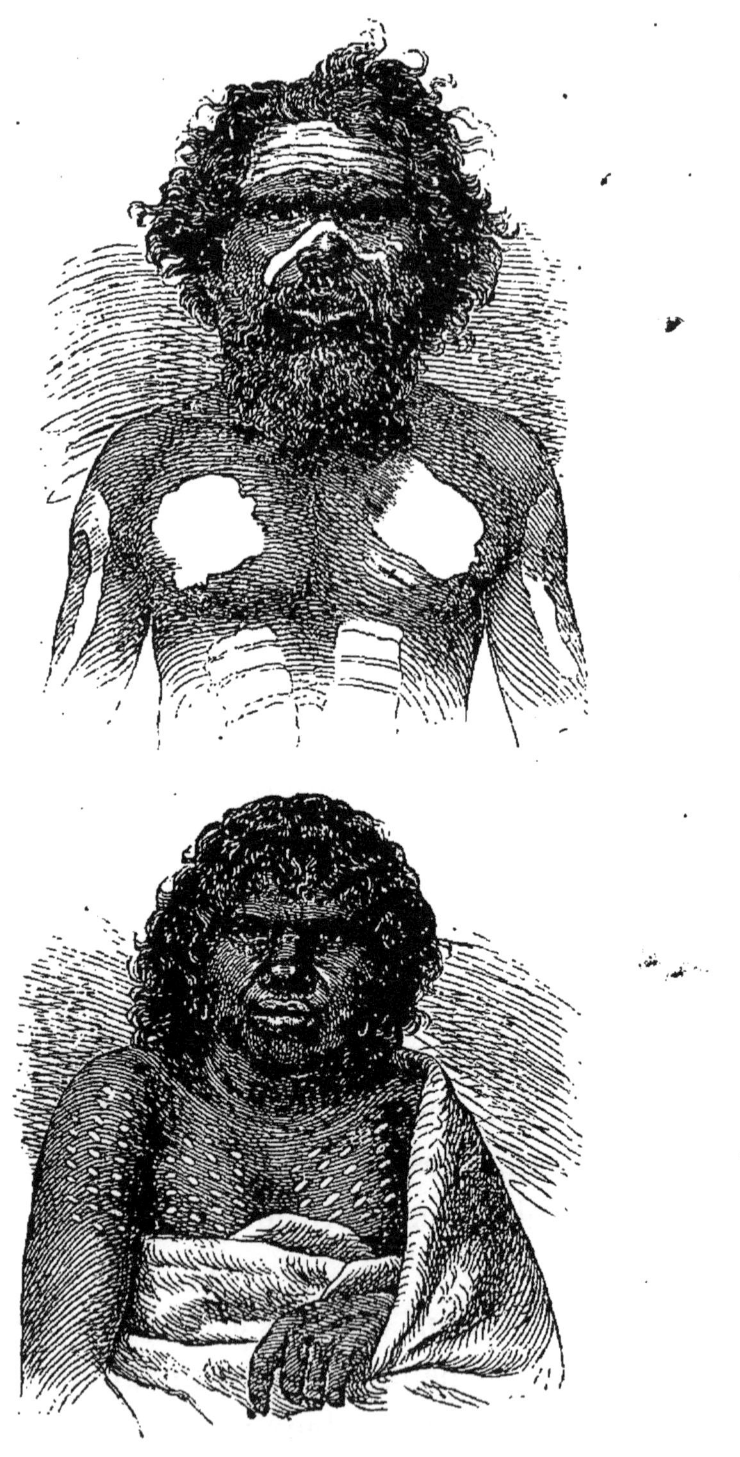

Tatouages d'un Australien et d'une Australienne.

colorée de chaux ou d'ocres de teintes diverses, des lacérations aussi dégoûtantes que douloureuses, défigurent leurs traits déjà hideux; de profondes et longues entailles gravant sur leur derme en bourrelets charnus, le blason national de leur tribu, sont les seules conceptions de peinture et de dessin qu'ils ont pu ébaucher.

Non contents des maux inhérents à leur genre de vie, les sauvages paraissent prendre un triste plaisir à s'infliger des souffrances. Outre l'habitude très-générale du tatouage, ils emploient les moyens les plus extraordinaires pour se défigurer et se torturer eux-mêmes. Les uns se coupent le petit doigt, les autres pratiquent un trou énorme dans la lèvre inférieure, ou se percent le cartilage du nez. Les habitants de l'île de Pâques élargissent leurs oreilles jusqu'à ce qu'elles descendent sur leurs épaules. Les Chinooks et beaucoup d'autres tribus américaines se déforment le crâne, et il est certain que cette coutume a régné aussi sur le vieux continent. Plusieurs peuples de l'Afrique se *cassent* les dents de différentes manières, chaque tribu ayant son procédé à elle. Les Nyambanas, nation cafre, se distinguent par une rangée de boutons ou de verrues obtenus artificiellement, qui ont environ la grosseur d'un pois et qui s'étendent de la partie supérieure du front à l'extrémité du nez. C'est de quoi ils tirent vanité. Ceux des Bachapins qui se sont signalés au combat ont le droit de se faire à la cuisse une longue

Tatouage d'un chef Maori.

cicatrice, rendue indélébile et de couleur bleuâtre au moyen de cendre de bois dont on frotte la plaie toute fraîche. En Australie, le capitaine King vit un indigène orné de cicatrices horizontales qui lui traversaient la partie supérieure de la poitrine. Elles avaient au moins un pouce de diamètre et dépassaient la peau d'un demi-pouce. Dans certaines parties de l'Australie et de la Tasmanie, tous les hommes s'extraient une dent, et

Déformation de la lèvre et des oreilles chez un Botocudos.

cela par un procédé aussi maladroit que douloureux. Les habitants de Tanna ont sur les bras et le ventre des cicatrices en saillie, représentant des plantes, des fleurs, des étoiles et divers autres objets. On les fait en coupant d'abord la peau avec un roseau de bambou aiguisé, puis en appliquant sur la blessure une certaine plante qui fait lever la cicatrice au-dessus du reste du corps. Les naturels de Tazavan, ou Formosa, par une opération très-cruelle, impriment sur leur peau des figures variées d'arbres, de fleurs et d'animaux. Voilà l'art des sauvages.

Dans le délire de leurs passions brutales, comme dans leurs heures de repos, ils s'essayent à la danse et au chant; mais rien n'est triste autant que ces manifestations de leurs joies sauvages.

Dans la musique rhythmée ou la danse, leur idéal est l'imitation aussi exacte que possible des gestes frénétiques ou burlesques des animaux avec lesquels la chasse les met en relations journalières. Ainsi l'Australien imite le kangourou, l'Esquimau le phoque; le Peau-Rouge des prairies se modèle sur le bison et le Kamtchadale a la danse de l'ours.

Partout où l'on a pu observer leurs chants, on s'est assuré qu'ils demeurent empreints d'un caractère de monotonie identique. Ils débutent en général par des notes élevées comme un cri de triomphe pour retomber par degrés dans un ton grave et sourd et s'éteindre insensiblement dans un long murmure, semblable à un gémissement d'impuissance, écho sombre et trop réel de la destinée de ces fils aînés de la terre.

Danse de sauvages (Béchuanas).

Enfin, bien que le langage, qui est à la pensée ce que celle-ci est à l'intelligence, ait dû être, ait dû rester fort borné parmi eux ; bien qu'il s'y divise en une foule de dialectes, sans liaisons saisissables, sans règles fixes, variant de tribu à tribu et soumis aux modifications quotidiennes que lui impose le caprice des jeunes générations abandonnées à elles-mêmes et sans culture, pendant les longues expéditions de chasse et de guerre de leurs parents ; bien que l'enfant, appliquant aux objets qui frappent son imagination les mots qu'il apprend à bégayer, nous donne une image assez fidèle de la manière dont se sont formés et se transforment chaque jour les argots sans nombre des Endamènes de la Mélanésie, des Bushmens, des Ballalas de l'Afrique, des Pécherais de la Terre de Feu et de tant d'autres peuplades du nouveau continent ; malgré tout cela la parole dès temps primitifs est encore de nos jours représentée par une classe de dialectes qui, si différents qu'ils soient par les vocabulaires, relient, par une étrange concordance de règles et de lois grammaticales et en dépit d'immenses intervalles de terres et de mers, de nombreuses populations koushites en un vaste groupe ethnologique. Nous voulons parler des langues Abunda, Caribe et Guarani et des idiomes Samoïdo-Groënlandais, qui sont pour l'Afrique méridionale, pour les bassins de l'Orénoque et de l'Amazone et pour les régions circumpolaires, ce que les langues indo-germaniques sont pour l'occident du vieux continent.

Si l'on admet d'un côté la nature monosyllabique de la parole humaine à son début, et que de l'autre on considère le caractère polysynthétique des idiomes que nous venons de citer, c'est-à-dire la faculté qui les régit de composer des mots par contraction, en supprimant une ou plusieurs syllabes des radicaux combinés, et d'intercaler dans le verbe les parties les plus variées du discours; si de plus on réfléchit aux innombrables combinaisons que ces causes premières ont pu créer, ne devra-t-on pas s'étonner, non du peu de concordance que présentent les vocabulaires résultant de ces combinaisons, mais de ce qu'ils ont pu garder encore, de loin en loin, quelques racines communes, quelques réminiscences du commun berceau échappées au naufrage des traditions et du temps?

CONCLUSION

DE LA PREMIÈRE PARTIE

Toute société actuellement existante et parvenue au plus haut degré de la civilisation moderne a eu à traverser quatre âges ou phases d'existence :

La vie sauvage ou de chasseurs ;

La vie nomade ou de pasteurs ;

La vie agricole ou de cité ;

Enfin la vie de peuple ou de nation, dans l'acception moderne de ce dernier mot.

Le sauvage ne connaît guère que des besoins physiques et il ne cherche à les satisfaire que pour le moment présent. Protéger son corps contre la chaleur des étés et le froid des hivers ; se chercher ou se préparer un refuge pour la nuit ; se nourrir ; satisfaire les appétits de la reproduction et soigner par instinct sa progéniture, ce sont là tous ses soins et toutes ses jouissances. Il ne pense et il n'agit que pour le jour présent et non pour le lendemain. Dans cet état, l'homme est inévitablement chasseur et pêcheur, surtout sous des climats où les fruits des arbres et les baies des forêts manquent pendant une grande partie de l'année. Le sauvage n'a point d'autre choix : il doit chasser et pêcher, ou périr. Quand la nécessité le presse, l'homme possède de grandes ressources en lui-même ; le sauvage trouve partout des matériaux pour ses ustensiles de chasse et de pêche, et la nécessité lui apprend à les préparer et à s'en servir. Les plus anciennes armes de chasse en pierre de chaque pays sont contemporaines de la première apparition de l'homme sauvage dans ce pays ; il eut immédiatement besoin de la chair des animaux sauvages pour sa nourriture, de la peau des bêtes fauves pour ses vêtements et d'eau pour sa boisson. On trouve déjà chez le sauvage les premiers rudiments de la religion. Insensiblement l'expérience fait naître la réflexion ; la faim est un hôte incommode et elle se présente impitoyablement le jour où il n'a pas réussi à abattre une pièce de gibier ; il lui vient alors la pensée prudente d'épargner le superflu de la journée pour les besoins du lendemain ; il arrive à la pensée encore plus raisonnable d'élever le veau, le faon de renne ou l'agneau dont il a tué la mère dans l'une de ses chasses ; il en conserve d'autres encore et se crée successivement un troupeau : l'on voit paraître alors le pasteur ou le nomade.

C'est dans cette phase de son existence que nous allons suivre et étudier l'humanité.

LIVRE DEUXIÈME

LES PASTEURS

CHAPITRE PREMIER

La primitive Arie. — Les migrations. — Idéal religieux. — Le naturalisme primitif. — L'eau. — Le feu. — Le rite de la coupe. — Le dogme de la chute. — Les bois sacrés. — Les pierres de témoignages.

Dès les débuts de la phase nouvelle, tout prend de plus grandes proportions, hommes et choses, idées et faits. Nous assistons au lever de cette aube des souvenirs humains qui flotte indécise entre la mythologie et l'histoire, où Yama, le brillant fils de Vivasvat[1], ou de Vivenghvat[2], était reconnu par les Ariens du Midi et par ceux du Nord comme un des fondateurs de leur race et de leurs institutions; où le mot de Manou qui, dans le Rig-Véda,

[1] Un des noms du soleil en sanscrit.

[2] Id., en zend.

ne se rapporte guère qu'à l'humanité primitive et parfois au premier homme spécialisé, avait le même sens, la même acception, sous la forme rude et aspirée que lui avaient donnée les tribus du Nord-Est (Pan-Kou)[1]; où les ancêtres des Chinois, des Indous et des Iraniens avaient également droit au titre de Poëriotkaetchanas[2], conservé par les derniers à leurs aïeux; avaient pour affinités communes, sous des noms et des modes plus ou moins différenciés par les dialectes et les milieux ambiants, le rite de la coupe et le culte du feu; voyaient en celui-ci l'âme du foyer domestique, le génie tutélaire de la famille, et vénéraient en celle-là le lien mystérieux qui unissait les chefs de maison ou de clan, les maîtres de la terre et des troupeaux, à une divinité patronymique, à l'exclusion de la tourbe sans noms et sans dieux des serviteurs et des esclaves ou des sauvages des forêts, vivant en bêtes fauves et traités comme tels.

Cette période est celle des *Ching*[3], des *Sse-yo*[4] de l'extrême Orient; des *Richis*[5] et des *Angiras*[6] de l'Asie védique. Revêtus, les uns et les autres,

[1] Forme chinoise du mot *Manou*.

[2] Hommes de la première loi. (*Zend.*)

[3] Les sages.

[4] Les seigneurs des quatre montagnes. (*Chinois.*)

[5] Les chantres sacrés.

[6] Les prêtres védiques. (*Sanscrit.*)

du privilége spécial de la liturgie et des incantations, ils présidaient de droit aux sacrifices sur les hauts lieux. A l'appel des chefs de famille, ils se rendaient sur la montagne qui dominait les terrains de culture ou les pâturages de la tribu. «Là, sous la voûte du ciel (devant un feu consacré), et sur un tapis de gazon entouré d'un treillage, ils faisaient entendre ou les chants héréditaires ou l'hymne nouveau; ils invoquaient les grands agents de la nature pour la prospérité des champs et des troupeaux, pour la guérison des malades, pour la propagation des races fortes et vertueuses. Ils priaient, ils menaçaient même leurs dieux, et, les rites solennels religieusement accomplis, ils se retiraient comblés de présents, et chargés de la part qui leur revenait de droit dans les offrandes consacrées[1]. » S'arrogeant, au nom de la science sacrée qui comprenait toutes les autres, l'interprétation des choses du ciel et leur application à celles de la terre, ils portaient littéralement, suivant l'expression d'un vieil écrivain du Céleste-Empire[2], *« ils portaient le poids (la responsabilité) du peuple et le peuple les regardait comme des dieux.* »

C'est l'époque des initiateurs, des inventeurs dans l'art et l'industrie au berceau; chacun d'eux,

[1] Langlois. *Rig-véda*, introduction.

[2] Kouan-ste, contemporain ou aîné de Confucius.

concordance remarquable, marqué d'un même signe : né d'une vierge mortelle et d'un esprit céleste. Ainsi, dans la tradition chinoise, Fo-hi, « qui apprit aux hommes à élever les six animaux domestiques ; » Chin-nong, « le divin laboureur ; » Hoang-ti, « *le roi de l'ourse*, » qui, dans les luttes acharnées qu'il eut à soutenir contre les noires tribus du Midi[1], inventa la lance et le bouclier. Ainsi, dans la ligne occidentale, les Egrégoris chaldéens, *ces êtres puissants qui, de tout temps, ont été en renom parmi les hommes*[2] ; ainsi, tant d'autres, dont la mémoire individuelle, éclose par delà l'Imaüs et le Paropamise, devait, après des pérégrinations séculaires et des variations de nom et de forme innombrables, trouver un asile dans les panthéons de la Grèce et de Rome.

Les concordances suivantes, recueillies aux deux pôles du monde social de cette époque, sont caractéristiques :

Alors Djemshid, fils de Vivenghvat, régnait dans l'Ariène-viedjo. *Il fut grand devant le chef des Asouras, qui lui mit entre les mains un poignard dont la lame*	Alors dans la terre de Kong-Sang régnait Chin-nong, qu'une vierge avait conçu d'un esprit, sur la colline des fleurs. Contemplant un jour un caractère symbolique et mysté-

[1] (*Kieiu-li*) sous leur chef, Tchi-yeou, autre forme de Kong-kong, le génie du mal.

[2] Genèse, chap. VI, v. 4.

Le feu sur les hauts lieux.

était d'or, dont la poignée était d'or. Le roi Djemshid le prit, puis parcourut la terre, et la divisa en trois cents parties qu'il remplit d'animaux domestiques, de bestiaux, d'hommes, de chiens, de volatiles, de feux rouges et brillants.... Il s'avança dans le pays de la lumière et fendit le sol avec son poignard d'or, en s'écriant : Que Sapandomad[1] soit dans la joie[2]!...

Il allait ainsi prononçant la parole sainte avec des prières pour les hommes et les animaux, et son passage devint pour tous une source d'abondance et de félicité.

Après quoi Djemshid construisit le Ver, dont une enceinte à *quatre faces* circonscrivit l'étendue : il y répandit le germe des animaux et des hommes, y multiplia les chiens, les oiseaux, les feux rouges et brillants; tout y était en abondance, les moissons et les fruits; et là grandissait une jeunesse pudique, respectueuse, robuste et bien nourrie.... Ce pays était doux rieux, il prit du bois et inventa la charrue. Il apprit aux hommes à s'en servir pour féconder la terre, et le ciel et la terre bénirent sa découverte : le ciel par une pluie de blé, la terre en faisant jaillir une source de vin à ses pieds.... *Il est le premier* qui ait mesuré *la terre et l'ait divisée en royaumes*, qu'il gouvernait bien moins par ses lois que par ses bienfaits. Il institua des fêtes et des prières, consacra le *septième jour* au Seigneur du ciel, composa des cantiques sur la fertilité de la campagne, et fit une lyre merveilleuse, dont il tirait des accords pour fixer l'esprit de l'homme, y éteindre la concupiscence, élever la vertu jusqu'à l'esprit suprême, et étendre l'harmonie entre la terre et le ciel.

Au centre des royaumes tributaires, Chin-nong établit le siége de son empire, dont les *quatre faces* étaient limitées au midi par le mont aux sacrifices, au nord par la cour des ténèbres, à l'orient par la vallée lumineuse, au couchant par la vallée obscure.

Quelque étendu que fût cet empire, il était si peuplé et si florissant que les cris des animaux et les voix des hommes se

[1] Le génie de la terre, en parsi.

[2] *Vendidad.* — 2e fargard.

et pur, et ne souffrait ni des vents glacés, ni des souffles brûlants.

Dans le Ver, riche en toutes sortes de bénédictions, il n'y avait ni maîtres durs, ni mendiants, ni trompeurs, ni prosélytes au service des dews, ni d'ennemis cachés, ni de tyran cruel pour frapper les hommes, ni de dents pour les déchirer.

Ahura-Masda n'a donné à personne la nourriture, l'intelligence et la vie longue comme au pur Djemshid et à son peuple.

Vendidad. — 2e et 20e fargard.

répondaient d'un village à l'autre; et il était tellement favorisé du ciel que la pluie ou le vent n'y apparaissait que selon ses besoins.

Sous Chin-nong, le peuple n'était composé que de gens vertueux.... Ses mœurs étaient pures; il n'y avait ni haines, ni discordes; chacun, content de son lot, se trouvait assez riche. Sans effort, Chin-nong venait à bout de tout, et marchait gaiement devant le père de toutes choses. Rassasié de jours, après cent quarante-cinq ans de règne, il aspira au repos; *mais réunissant en sa personne les deux natures, il chercha la mort et ne put la trouver.*

(Extrait de l'article *Chin-nong*, dans les *Recherches sur les temps antérieurs au Chou-King*, par le P. Prémare.)

Quelque différence que le génie particulier des peuples bactrien et chinois ait mise entre ces deux légendes, on ne peut nier les analogies qu'elles présentent dans leur ensemble, et même dans leurs détails.

Si, en outre, on vient à leur comparer celle qui prit cours longtemps après sur les bords du Nil, au sujet de la personnalité d'Osiris, — qui, lui aussi, a répandu ici-bas les bienfaits de l'agricul-

Migration sémitique.

ture et le culte des dieux, en initiant les sociétés, jusqu'alors barbares, à la connaissance du blé, de la vigne et des rites sacrés, qui, parcourant ensuite la terre, a adouci les mœurs des hommes, bien moins par la force que par la persuasion, en les attirant à lui par le charme de la parole et de la musique; si l'on considère que ce nom d'Osiris ne diffère pas radicalement de la qualification divine que dut garder longtemps le fils de Vivenghvat dans les régions du Nord; si l'on se rappelle enfin que le législateur égyptien devint, en quittant ce monde comme l'*Asura* Arien, le juge suprême du mérite et du démérite des mortels, le roi de la ustice suprême, infligeant dans le monde inférieur, aux décédés, les peines ou les récompenses dues à leurs actes mortels, — n'est-on pas conduit, par cette voie encore, à resserrer de plus en plus le cercle qui vit naître les traditions premières des grandes nations de l'antiquité?

C'est dans la même période aussi que, de ces pentes de l'Asie centrale que les pères des Koushites descendirent furtivement et par groupes isolés, jaillissent et se déversent, dans toutes les directions et pendant des siècles, comme d'un inépuisable bassin, les flots des émigrations.

Alors viennent les tribus patriarcales des pasteurs, entraînant vers des pâturages inconnus les nombreux troupeaux d'espèces inférieures qu'ils ont appris à dompter dans leurs vallées natives, et dont la chair, le lait et la toison remplacent pour eux, par une certitude paisible, les chances incertaines de l'anxieuse existence du chasseur.

Les pas tournés vers le midi, le chameau de Tartarie reçoit chaque matin, sur ses patientes épaules, les tentes des pèlerins que les peuples d'Assour, d'Aram, d'Hymiar et d'Iektan appelleront leurs pères, alors qu'ils auront conquis une patrie sur les Koushites de Nimrod, le fort chasseur, et sur les noirs Ichthyophages, errant le long des mers Érythrées.

Dans une autre direction, de grands troupeaux de lanigères, de sangliers enlevés à la vie des forêts et d'agiles coursiers bactriens, soulèvent la poussière des bords de l'Euxin et des deux Bosphores, devant les ancêtres de Kimr, d'As-Khènaz et de To-Garmah, qui les poussent sur la route du soleil couchant.

Plus au nord, dans cette zone moyenne du septentrion qui s'étend des hautes plaines où circulent le Sélinga et l'Orkhon jusqu'aux cours inférieurs du Don et du Volga, les chevaux velus des Steppes, les aurochs des forêts primitives, même les rennes au front rameux, se forment à la domesticité sous le lasso des fils aînés de Gog

Migration celtique.

et de Magog, aussi farouches, aussi sauvages qu'eux.

A l'orient d'hiver de ces derniers, un autre rameau du tronc humain, séparé de bonne heure de ses congénères par des chaînes de glaciers, d'immenses déserts ou des convulsions du sol, poursuit le long des versants orientaux du grand massif asiatique sa marche solitaire ; mais parmi de tels obstacles, en soutenant de telles luttes contre le milieu ambiant, qu'il n'échappera à cette période d'épreuves qu'étiolé et meurtri, et que ce caractère de rachitisme originaire se transmettra, par une réversibilité fatale, à la nationalité et à la civilisation qui naîtront de lui ; toutes deux précoces, nées avant terme, développées mécaniquement, mais passives, sans élan, sans séve et privées de facultés progressives.

Enfin, fermant le cercle immense des migrations de cette époque, on entrevoit sur les contreforts méridionaux de l'Himalaya une multitude de pasteurs au teint de bronze, groupés sous l'invocation d'Agny, le dieu du feu. Forts de jeunesse, d'avenir et de foi, ils s'adressent en ces termes à la divinité qu'ils ont suivie depuis le berceau : « Toi dont la flamme irrésistible pénètre en retentissant dans les djungles les plus épais ; toi qui te jettes comme un taureau sur les arbres les plus élevés des forêts; être impérissable, dont les flammes sont rouges, et dont la route est noire; dont tous les êtres, stables ou mobiles, redoutent la course furieuse, le vol impétueux, viens, ô Agny! et, comme un roi détruit ses adversaires, dévore les bois qui recèlent les piéges que nous tendent nos ennemis: fais-nous avancer par des routes faciles!... » Et, ce disant, ils guident des essaims mugissants de zébus, au pelage blanc ou tacheté comme celui du léopard, à travers les savanes changées en pâturages par l'incendie, ou le long des clairières ouvertes par la flamme dans le sein des forêts vierges. Par cette violence envers la nature primitive, ils préparent le passage de la vie pastorale à l'agriculture dont, aux jours de l'invasion arienne, leurs descendants, fuyant le joug sacerdotal des brahmes ou le glaive des tchatrias, fils du soleil, iront répandre les pratiques vivifiantes depuis ces archipels fleuris que caressent les premiers rayons de l'aurore sur les flots bleus de l'océan Pacifique, jusqu'aux rivages brûlants du Nil, du Tchad et du Niger.

Ainsi, à pas inégaux, attendus par des destinées diverses, s'avançaient, durant la première période du second âge, les grandes caravanes de l'humanité en marche vers les lieux marqués

Migration finoise et scythique.

pour la fondation des cités et l'incubation des peuples.

En s'étendant sur la face du globe, la divergence de leurs directions augmentait chaque jour entre elles les distances premières, et préparait les dissemblances et l'oubli. Bientôt, devenues étrangères les unes aux autres, opposées d'intérêts comme de buts, marquées par le genre de vie, les rayonnements du sol ou de l'atmosphère, par l'ombre ou par le soleil, de ce cachet dissemblable qui constitue les variétés de notre espèce, lorsque, descendant du nord ou remontant du midi, deux d'entre elles viendront à se rencontrer, ce ne sera plus que pour combattre et s'entre-détruire; et, pendant tout cet âge et tout le suivant, il en sera ainsi. Bien des siècles d'erreurs cruelles, d'expériences vaines, de leçons chèrement payées, devront passer sur les fils de l'homme, avant qu'ils puissent voir dans des frères inconnus autre chose que des ennemis à vaincre, ou des esclaves à exploiter.

Il devait en être de même des traditions qu'ils avaient puisées dans la haute Asie. Tous n'avaient-ils pas emporté de ce foyer commun des faisceaux lumineux de souvenirs, d'habitudes d'être et de penser, de croyance et de foi? Soumis aux influences de la direction prise par les émigrants, ligne droite sous le doigt de Dieu, ou déviations dans les nombreuses vallées d'égarement ouvertes sur la terre, ces faisceaux ont plus ou moins vite cédé à l'action du temps et de la fatigue ; ils se sont successivement éteints et brisés dans le désert et dans la nuit. Pendant des siècles, des antagonismes de dogmes et de races ont germé sur leurs débris ; pendant des siècles encore, leur poussière a été livrée au vent glacé du scepticisme, aux expériences de l'analyse ; et c'est tout récemment que la science a pu en recueillir les atomes, en reconstituer les fragments épars et les saluer pieusement, comme les points de repère, les signes de ralliement, au moyen desquels l'humanité moderne peut établir sa filiation et remonter à ses origines.

Rien ne se perd ici-bas : celui qui ne permet pas que la moindre des graines microscopiques emportée par le vent roule éternellement stérile dans les tourbillons de l'air, mais lui fait toucher terre, à son jour et à son heure, pour y remplir sa fonction de germination et de développement, celui-là n'a pas permis à l'humanité d'égarer, dans sa marche sans repos, un seul des anneaux de la chaîne progressive de ses conceptions ; il n'a pas voulu surtout que son entendement, endurci par l'orgueil ou l'indifférence, ne pût être

Migration chinoise.

frappé au besoin, comme d'une leçon salutaire, par l'écho de ses premiers vagissements.

Ce n'est donc pas en vain qu'à l'heure suprême de la dispersion, les chefs de tant d'hommes prêts à tenter l'inconnu, réunis autour des amas de pierres qui marquaient la couche dernière de leurs pères, l'ont invoqué, *Lui*, d'après les modes et avec les noms que ceux-ci leur avaient enseignés.

Ce n'est pas en vain qu'aux lueurs mystérieuses des crépuscules, inclinés sur le tapis triangulaire du gazon[1] et se passant de mains en mains, de lèvres en lèvres, la coupe fraternelle du Haôma, ils ont invité par des libations et des prières à la participation du saint breuvage auquel un dieu communiquait sa vertu vivifiante et son nom[2] :

Les jumeaux célestes « toujours jeunes, toujours unis l'un à l'autre, comme le jour l'est à la nuit[3] ; »

L'aurore, « dispensatrice des richesses pastorales ; »

Le soleil, « fils de la nuit, le soleil, qui mène

[1] Le *cousa* des Vêdas.

[2] *Haôma* en zend, *soma* en sanscrit. — Dans les *Naçkas*, comme dans les *Vêdas*, ce dogme domine tous les autres par son antériorité.

[3] Les Açvins, type premier des Dioscures. Ici, ce sont es dieux de l'aube et du crépuscule.

dans les hauteurs des cieux le chœur des astres régulateurs des saisons et des jours;

« Et de tous les esprits élémentaires qui brillent dans le ciel ou vivifient la terre et les eaux; les suppliant tous, dieux et déesses, d'écarter de leur voie les artifices de la perfide race à la peau noire et la violence des *Dasious*, « brigands impurs, à jamais sevrés de la coupe mystique où les hommes pieux boivent la vie, et qui ne rôdent autour des autels que pour en dérober les offrandes[1]. »

Ce n'était pas en vain non plus qu'un certain nombre d'entre eux avaient pu entendre les anciens de leurs tribus, assis au bord de quelque futaie antique, parler du caractère sacré de certaines forêts, de certains arbres, « *de la grande et ténébreuse horreur qui saisit l'homme sous leur ombre,* » comme s'il pouvait, d'un moment à l'autre, s'y trouver « *face à face avec le seigneur du lieu*[2]; » pas en vain surtout que, de la bouche de ces hommes de la première loi[3], entraînés par la pente même du sujet vers un souvenir toujours palpitant dans leur cœur, ils avaient recueilli le récit des merveilles de cette autre forêt qui avait vu la naissance du premier homme, son

[1] Extraits des premiers chants du *Rig-Vêda*.

[2] Lucain, *Pharsale*, chant III.

[3] *Poëriotkaetchanas*.

bonheur si court, et *sa faute, née de l'orgueil, réversible comme son châtiment sur tous ses descendants*, puis la théorie des expiations impérieusement commandées par cette chute fatale,

Incendie des forêts par les pasteurs indous.

expiations dont l'eau et le feu sont les principaux agents :

« L'eau, pure et sainte, donnée d'en haut pour effacer toute souillure, armure de l'homme pieux contre les mauvais génies[1]; »

[1] *Yaçna*, II. 69.

« Le feu, prêtre divin du sacrifice, qui embrasse de toutes parts les offrandes de l'homme pour les porter aux dieux[1]. »

Ces dogmes, ces traditions, ces rites mystiques, paraissent sans doute bien puérils à notre époque de critique et de doute; mais le temps est venu, cependant, où il n'appartient qu'à l'ignorance de voir en eux matière à raillerie ou à mépris, car, ayant leurs racines dans le berceau de l'humanité, ils ont grandi avec elle; avec elle ils ont pris possession de la terre et, pendant des siècles, ils ont suffi à l'alimentation de ses besoins intellectuels.

Sans doute ils sont loin d'avoir gardé partout leur empreinte originelle et naïve d'innocence pastorale; ils ont varié avec l'esprit et le cœur de l'homme, éléments mobiles d'élévation et de chute. Sans doute, maintes fois et en maintes contrées, ils se sont altérés au contact des brutalités kouschites; et alors des monstruosités, souillures de l'imagination, opprobres de l'entendement humain, sont nées de ce mélange adultère. Mais dans les lignes où ils se sont développés selon l'ordre logique de leur impulsion initiale, ils l'ont fait avec un caractère d'identité qu'ont revêtu toutes

[1] *Rig-Véda*, II. 1.

les agrégations d'hommes dont ils ont été l'âme, toutes les institutions qu'ils ont inspirées.

Si dans les ténèbres soulevées par les passions du moment, par les préjugés contradictoires et la mêlée des détails adhérents, l'ensemble de ces affinités est resté ignoré des générations qui le portaient en elles; si, dans sa gravitation ascensionnelle, la science historique a à peine atteint assez haut pour l'embrasser aujourd'hui tout entier, qui oserait affirmer qu'il n'a pas, à des instants marqués par la Providence, tressailli dans l'instinct des masses sociales, et n'a pas été la cause déterminante de la facilité avec laquelle se constituèrent les doctrines et les grands empires de l'âge suivant? Quant à nous, nous n'hésitons pas à le penser. Nous croyons même que si, vers la fin des temps ariens, il suffit à Rome de moins de deux siècles[1] pour concentrer *sous l'unité de ses lois et de ses mœurs*[2], et pour s'assimiler, dans l'enceinte de la vieille cité étrusque, cent vingt millions d'hommes répandus dans les profondeurs des immenses contours de la Méditerranée et de ses annexes, ce fut bien moins le résultat des énergies réunies de ses armes et de sa politique, que celui de l'esprit d'ho-

[1] De la bataille de Zama à celle d'Actium.

[2] Amédée Thierry, *Histoire de la Gaule sous la domination romaine.*

mogénéité qui reliait, à leur insu et comme en dépit d'eux-mêmes, le Nubien des cataractes et l'Ibère des Pyrénées, le montagnard du Taurus et celui de l'Atlas, les Pélasges de l'Hellespont et ceux des bords thyrréniens, les vierges de Sème, de Mona, les vestales du Capitole et les sibylles de l'Orient.

En effet, par les dogmes de la chute et de l'expiation, par la liturgie du feu sacré et des eaux lustrales, par le rite de la coupe, par le culte voué au soleil et aux astres, par la glorification des ancêtres et la déification de leurs mânes, les populations que nous venons de citer, et bien d'autres dont elles ignoraient l'existence sous les cieux du Nord et de l'Orient, communièrent pendant des générations sans nombre dans une même aspiration vers les choses d'en haut. Le mode d'expression de la foi, les formes matérielles des croyances varièrent, nous l'avons dit, selon les temps et les lieux. Ainsi, pour ne citer qu'un exemple, une simple mutation géographique dut faire remplacer le haôma des Poëriotkaetchanas par le gui du chêne chez les Celtes, par le lotus chez les riverains de l'Euphrate et du Nil, par le kava chez les Pélasges jaunes du Grand Océan et par le maïs chez les Astèques; mais, chez les uns comme chez les autres, ce n'était pas la plante qu'on honorait, c'était le symbole religieux qu'on y voyait contenu.

Il en était de même de toutes les parties du rituel primitif. Les eaux consacrées accueillaient partout l'homme à son entrée dans la vie pour le purifier du péché originel, et l'attendaient à sa sortie pour laver son cadavre de ses souillures terrestres.

Le feu sur les autels de Phtah, dans la vallée du Nil, le feu, selon Vesta, sur les pentes de l'Apennin, répondaient à travers les âges et l'espace au feu qui marchait la nuit, dans les déserts, en tête des colonnes nomades des pasteurs, à celui qui devait briller plus tard sur les Téocallis du nouveau continent, et tous ensemble à cette flamme qui, au principe des choses, s'était allumée au nom d'Agny sur les sommets de la haute Asie.

Le respect religieux qu'éprouvait le druide sous les voûtes des forêts armoricaines n'était pas autre que celui qui agitait le Pélasge dans les bois de Dodone, et dont frissonnait Abraham sous les chênes de Mambré, *alors qu'il attendait avec une superstitieuse terreur que Jéhovah vînt retentir au fond de son cœur*[1]; terreur et respect qui dérivent de ceux que la Genèse attribue à *Adam, au moment où il sentit Elohim* sous les arbres[2].

[1] Genèse, chap. xv, v. 12.
[2] Genèse, chap. III, v. 8.

On peut retrouver, d'ailleurs, l'universalité de toutes ces données mythiques, matérialisée pour ainsi dire en caractères palpables, dans les impérissables monuments dont les générations de cet âge ont jalonné leur passage sur tous les sols et sous tous les climats.

Menhir.

Monceaux de rocs entassés ou puissants monolithes, cairns, dolmens, menhirs, cromlechs, tumuli des Scythes, des Scandinaves, des Keltes et des Pélasges; merkls, gals, margémaths des Hébreux et des Araméens; quels que soient leurs noms, leurs formes et leurs gisements, qu'ils étalent leur base conique ou leur entablement trilapidaire sur les steppes du Nord ou sous le soleil d'Arabie, qu'ils soient battus des vents de l'Océan sur les grèves perdues de Waïgiou et de Tinian ou sur les rochers des deux Bretagnes, qu'ils se revêtent de lianes et de fleurs sous les grands ficus des tropiques ou de mousse humide sous les sapins de la Scanie et sous les chênes des Ardennes, nulle part ils n'ont eu deux sens et deux origines.

Les unes, comme les moraïs de Tahiti et de Tonga,

Dolmen.

comme les obos des Mongols de nos jours, ont servi à la fois de tombeaux et d'autels : tombeau de quelque chef vénéré, arrêté par la mort sur la route de l'émigration : autel du dieu qu'il avait pris pour guide, qu'il appelait son père, dont il était l'interprète ici-bas, et dont il est allé partager la gloire là-haut.

Les autres, tels que les soubourgans des bouddhistes modernes, les pierres levées des descendants de Sem ou de Japhet, se dressent comme les témoins inébranlables d'événements saillants dans l'existence des populations qui les ont érigés. Ils ont été les marques, les signatures réelles de conventions antiques, arrêtées d'homme à homme et d'homme à dieu.

« Quand demain, disait Josué à ses compagnons après leur avoir fait franchir le Jourdain, quand demain vos fils vous interrogeront, disant : *Que veulent dire ces pierres?* vous leur répondrez : Les eaux du Jourdain se sont taries devant l'arche du Seigneur, à son passage ; c'est pourquoi ces pierres ont été déposées en mémorial des fils d'Israël à toujours[1]. »

Reconnaissons donc dans tous ces monuments de piété, de transactions, de victoire ou de deuil des variantes de ce mode, *à la fois si simple et si grandiose, d'écrire des témoignages à la surface du sol*[2], et que l'humanité a propagé avec elle de son point de départ aux extrémités du monde.

Inutile d'ajouter que l'idéal de ces types d'architecture commémorative a grandi avec la pensée humaine, et qu'il est au moins oiseux, quand, sous les conditions longtemps peu favorables de notre Occident brumeux, ils ont pu s'élever jusqu'aux proportions du Stonehenge et des colonnades de Carnac, d'aller chercher hors de ces types

[1] Josué, chap. IV, v. 6 et 7.

[2] Jean Reynaud, *de l'Esprit de la Gaule.*

eux-mêmes, pour les demander à la métaphysique, l'origine ou le symbolisme des pyramides et des obélisques qui ornèrent les terres d'Égypte et de Chaldée, les péninsules de l'Inde, les forêts de Java et les plateaux de l'Anahuac

Pas davantage nous ne croyons devoir rattacher aux lois de la métaphysique un fait d'un ordre plus élevé que le précédent, et non moins concluant en faveur de l'unité de la pensée de cet âge. Nous voulons parler de l'évolution par laquelle, à une époque indéterminée, l'esprit humain en vint à dégager des limbes mythologiques où il s'était bercé jusque-là l'idée de la hiérarchie céleste, et subordonna tout le panthéon issu du naturalisme primitif à un Dieu, créateur suprême, fils et époux de la nuit primordiale.

Ce dogme capital que nous retrouvons à la fois au fond des antiquités védiques et égyptiennes, qui constitua les divers olympes pélasgiques sous Zeus, Iovis et Esus, qui forma la base du culte en Phénicie et en Chaldée, dont on peut suivre les traces en Chine et au Mexique, chez les sectateurs d'Odin et chez les atlantes des Canaries, florissait hier encore dans la Polynésie, sous l'invocation de Taarva, et au centre même de l'Inde, chez les Puharrëis, les Santals et les Abors; ces peuplades, douées d'une séve inépuisable, mais immobile, qui sous le souffle incessant des révolutions, au milieu de la croissance et de la chute des cultes, des idiomes et des empires, sont restées debout avec leurs adorations natives au Tout-Puissant et à la nuit, avec leur culte aux dieux lares et aux mânes, avec leurs autels de pierres brutes et leurs offrandes sur les hauts lieux, avec leurs fêtes religieuses renouvelées périodiquement comme les saisons, semblent n'avoir eu pour mission ici-bas que de conserver à l'anthropologie un anneau indestructible, qui pût rattacher un jour sur la chaîne des migrations les Leuco-Éthiopiens d'Afrique aux Pélasges jaunes du Grand Océan, et rappeler à ces populations, perdues l'une pour l'autre dans l'espace et dans le temps, la fraternité de leurs origines et le point de départ de leurs rameaux divergents.

On connaît l'universalité de l'usage des eaux lustrales. Il faudrait des volumes pour relater toutes les prescriptions dont abondent sur ce sujet les codes religieux de tous les peuples, anciens et modernes. Nous nous bornerons ici à citer quelques analogies curieuses, relatives à l'un des points les plus importants du rituel des expiations: *au baptême*.

Dans la Grèce ancienne, à la naissance d'un enfant, on le plongeait dans l'eau, tiède ou froide, suivant les localités, en invoquant les dieux. Cinq jours après, une femme de sa famille le prenait dans ses bras, et, suivie de tous ses proches et de tous les serviteurs de la maison, lui faisait faire, en courant à plusieurs reprises de droite à gauche, le tour du feu sacré qui brûlait sur l'autel domes-

Dolmen de Conneré (Marne).

tique. Purifié par cette cérémonie, il recevait ensuite de son père le nom qu'il devait porter ; presque toujours c'était celui de son aïeul.

Au Mexique, avant la conquête européenne, lorsque tout était prêt pour le baptême, tous les parents de l'enfant se rassemblaient, et l'on appelait la sage-femme chargée de la cérémonie.

Elle avait lieu au point du jour, dans la cour de la maison. « La sage-femme, tenant l'enfant dans ses bras, avait auprès d'elle un petit vaisseau rempli d'eau et quelques ornements préparés pour la circonstance. Dès que le soleil se montrait, elle se tournait vers l'Occident et, aspergeant d'eau la tête de l'enfant, elle disait :

« O mon enfant! prends et reçois l'eau du Sei-
« gneur de ce monde, l'eau qui nous est donnée
« pour accroître et renouveler notre corps ; elle
« lave et purifie. Je prie Dieu pour que ces gouttes
« célestes pénètrent dans ton corps et y habitent,
« pour qu'elles détruisent et qu'elles écartent de
« toi tout le mal et tout le péché qui nous ont été
« donnés avant le commencement du monde ;
« puisque nous sommes tous sous son pouvoir,
« étant tous les enfants de Chalchivitlycue (déesse
« de l'eau). »

« Après avoir lavé le corps de l'enfant, elle continuait ainsi : « De quelque lieu que tu viennes,
« toi qui veux nuire à cet enfant, laisse-le et éloi-
« gne-toi de lui, car il vient de recevoir une vie
« nouvelle et une nouvelle naissance. Il est purifié
« et lavé de ses souillures, et notre mère Chal-
« chivitlycue l'a mis au monde de nouveau. »

« Élevant ensuite l'enfant vers le ciel, la sage-femme reprenait : « O Seigneur! regarde ta créa-

« ture, que tu as envoyée en ce lieu de chagrins, « de souffrances et de repentir. Accorde-lui, ô « Seigneur, tous tes bienfaits et ton inspiration, « car tu es le grand Dieu, et la grande déesse est « avec toi. » La sage-femme imposait ensuite à l'enfant le nom d'un de ses ancêtres, dans l'espoir qu'il ajouterait à l'illustration de ce nom[1]. »

Dans la Nouvelle-Zélande, cinq ou six jours après sa naissance, l'enfant était baptisé par sa mère, assistée de ses amies. Toutes ces femmes aspergeaient le front du nouveau-né avec une branche baignée d'eau, et lui imposaient le nom qu'il devait porter par la suite, en accompagnant cette cérémonie de l'incantation suivante, qui variait naturellement selon le sexe du nouveau-né :

Que mon enfant soit baptisé!

Comme la baleine, puisse-t-il être furieux Puisse-t-il être menaçant	pour la vie.
Qu'à cet enfant la nourriture Soit fournie par l'Atoua mon père	pour la mort.
Puisse-t-il se bien porter Être content	pour la vie.
Puisse-t-il recevoir sa nourriture Quand ses ossements seront relevés	pour la mort.

On voit que cette prière se compose de deux

[1] Sahagun, *Hist. de Nuova Espana*, l. VI, chap. XXVII.

parties distinctes, l'une pour l'état de vie, l'autre pour le moment où l'individu sera réduit à sa substance spirituelle, moment que ce peuple singulier ne perd jamais de vue[1].

Enfin, aux îles Canaries, dès qu'un enfant était venu au monde, une femme de la classe des *Maguadas* était appelée auprès du nouveau-né pour lui laver la tête selon l'usage[2].

LE DOGME DE LA COUPE ET SES DÉRIVÉS

« Alors Zoroastre dit : « J'adresse ma prière à « Haoma. Quel est, ô Haoma, le premier mortel qui « dans le monde existant, vous ayant invoqué et « s'étant humilié devant vous, ait obtenu ce qu'il « désirait ? » — Alors Haoma pur et qui éloigne la mort me répondit : « Vivenghvat est le premier mor- « tel qui, dans le monde existant, m'ayant invoqué « et s'étant humilié devant moi, ait obtenu ce qu'il « désirait, lui qui a engendré un fils distingué, « Yima-Tchâèto (Djemshid), père des peuples[3]. »

L'identité du Vivenghvat iranien et du Vivasvat indou a été signalée par Bopp (*Nalus*, p. 203) et

[1] D'Urville, *Premier voyage*, t. II, p. 443; t. III, p. 683.
[2] Vièra, *Noticias*.
[3] *Yaçna*, II, 9.

démontrée par Lassen (*Ind. Allerthumsk*, p. 517) et par M. E. Burnouf, notamment dans la préface du troisième volume du *Bhagavata*, pages 48 et suivantes. Le dogme du Haoma (forme zend du *Soma* sanscrit) révélé à Vivenghvat appartient donc aux époques primitives du brahmanisme comme du masdéisme. — « De la vérité naquit dans l'origine le Soma, du Soma le Vêda, du Vêda l'Amrita (l'immortalité)[1]. »

La plante soma est l'*asclepias acida ;* le haoma était un végétal différent, mais, dans la liturgie védique comme dans celle des Naçkas, l'un comme l'autre rappelait le nom d'une divinité, dont leur suc, exprimé et bu dans certains sacrifices, constituait l'expression terrestre *et pour ainsi dire le corps sacramentel*[2].

1° « O Soma ! ô liquide sacré ! sous ta conduite nos ancêtres généreux ont acquis une récompense parmi les Dévas.... Tes forces sur la terre, dans les montagnes, dans les végétaux, dans les eaux, toutes ces forces, applique-les avec bonté à notre profit, et agrée nos sacrifices. O Soma ! tu es le maître des hommes pieux ; tu es pour nous la fontaine de vie ; *si tu le voulais*, ami des louanges, souverain des végétaux, *nous ne mourrions pas*. O Soma

[1] *Ramayana, Ayodhyacanda*, chap. LI.

[2] J. Reynaud, *de l'Esprit de la Gaule*, p. 142 et suiv.

nous t'exaltons dans nos prières ; favorise-nous, visite-nous ; toi, qui augmentes l'opulence, qui connais les richesses, qui donnes la santé, qui donnes la prospérité, sois notre ami !... Sois-nous un allié salutaire; protége-nous contre le crime; développe-toi, *auteur de notre immortalité*, ô Soma ! Dispense-nous dans le ciel les nourritures excellentes. A celui qui lui offre des sacrifices, Soma donne une vache, un cheval rapide, un fils adroit, propre aux ouvrages domestiques, pieux, prudent dans son langage, propagateur de la gloire de son père[1].... »

2° « O Haoma, toi qui t'élèves comme une fleur nouvellement éclose, je te prie hautement, avec pureté, avec intelligence.... J'adresse ma prière à l'année, à la pluie, auxquelles il a donné un corps sur le sommet des montagnes. J'adresse ma prière aux cimes des monts sur lesquelles Haoma paraît. O Haoma ! tu produis visiblement l'abondance et les biens purs.... Sois favorable à tous les arbres, à toutes les fleurs ; que le cœur de celui qui t'invoque s'épanouisse comme la fleur ! Que l'homme qui te prie soit toujours victorieux ! Les Daewas de mille espèces sont au-dessous, ô Haoma, de celui qui t'invoque, de celui qui te célèbre ; sont au-

[1] *Rig-Véda*, II. XCI.

dessous, ô Haoma, de *celui qui te mange!* Par ces actes grands et méritoires, que tous les maux soient anéantis en ce lieu!... Que partout où l'on récite la parole sacrée, où l'on invoque Haoma qui donne la santé, Haoma fasse briller la beauté et la santé dans les maisons! Haoma! veille sur nous comme un père sur son fils encore enfant!... Ô Haoma! plein de bonté, de couleur d'or, donne-moi la santé, à moi qui suis pur!... J'adresse mes prières à Haoma, qui peut rendre le pauvre grand et riche.... O Haoma! aie pitié de moi quand je serai mort; je te célèbre avec éclat; je fixe sur toi ma vue qui est pure. Anéantis, frappe la troupe des violents qui sont sans intelligence. Celui qui ne reconnaît pas Haoma dans son cœur, Haoma l'anéantira. Celui qui néglige de faire des sacrifices à Haoma n'aura pas des enfants purs; Haoma ne lui donnera pas des fils justes[1]. »

3° « Les druides (ainsi les Celtes nomment leurs mages) n'ont rien de plus sacré que le gui et l'arbre qui le porte, pourvu que ce soit un chêne.... Ils pensent que c'est un messager céleste et un signe de la présence de la divinité même dans l'arbre.

« Lorsqu'on en a fait la rare découverte, on le

[1] *Yaçna*, II. 10.

cueille avec une grande pompe religieuse; mais avant toute chose au sixième jour de la lune. Donnant au gui le titre de *guérissant tout*, ils préparent sous l'arbre des sacrifices et des banquets sacrés; ils y amènent deux taureaux de couleur blanche, un prêtre monte sur l'arbre, y cueille la plante avec une serpe d'or, et la reçoit dans sa blanche tunique. Ensuite ils immolent les victimes et ils implorent le dieu, afin que le don qu'il leur octroie leur soit prospère. Ils estiment que, *pris en boisson*, il doit donner la fécondité à tous les animaux stériles, et que c'est un remède contre tous les poisons[1]. »

Ajoutons, quant au rôle que jouait la lune dans la religion druidique et dans la récolte de la plante sacrée, que les anciens ont toujours représenté les druides avec un croissant à la main, et que dans les liturgies il y a connexion intime entre la plante symbolique et l'astre de la nuit, enfin que ces deux objets figurent en mythologie sous le même nom : « *Soma*, dieu de la lune, roi des brahmanes et des herbes médicinales[2]. »

On trouve les traces précises de traditions rela-

[1] *Pline*, l. XVI.
[2] *Manava Shastra*, l. IX, p. 129.

tives au même sujet notamment en Chine, dans la Polynésie, et aussi au Mexique :

CHINE. — Fo-hi est le premier qui régla les rites Kiao-cha (consacrés au Seigneur suprême, considéré sous sa double nature de père et de mère des choses). Pour cet usage, Fo-hi fit *un vase* ou *coupe* qu'il appela *Ting*, « vase qui est l'origine de l'harmonie, car, quand il est renversé, l'ouverture en bas, c'est *tchong*, une cloche, qui est la base et le fondement de la musique ; quand il est relevé, l'ouverture en haut, c'est *ting*, une espèce de mortier, un des principaux vases pour le *sacrifice d'union*[1]. »

Au douzième siècle de notre ère, un ministre de l'empereur Tching-Vang, dans un rapport à ce monarque, lui parle en ces termes :

« Vous m'avez envoyé en présent deux vases remplis de liqueur Kou-tchang et vous avez ainsi parlé : « Pour en boire, il faut avoir le cœur pur « et respectueux. » Je n'oserais boire de cette liqueur, mais je m'en suis servi déjà pour honorer recpectueusement vos ancêtres[2]. »

La liqueur dont il est question, dans la compo-

[1] Lo-pi, *Hist. ch. du quatorzième siècle.*
[2] *Chou King*, chap. XIII.

sition de laquelle entre du millet noir (kou) et une herbe aromatique (tchang) semble réservée aux oblations funèbres, aux libations offertes aux esprits célestes. Le caractère qui commande le respect dans l'usage de ce liquide est *Yn*, composé lui-même des trois caractères particuliers suivants : Chi, *qui fait voir;* Si, *occident;* Tou, *terre, pays.* — N'y a-t-il pas là comme une réminiscence des rites védiques et de cet Occident éloigné d'où les ancêtres de la nation chinoise sont sortis ?

Polynésie. — Pour quiconque a étudié ou seulement lu avec un peu d'attention les relations des explorateurs des archipels polynésiens, l'origine du Kava ne saurait être mise en doute.

La plante *Kava* est une sorte de poivrier (*piper*), et, par une analogie première avec les plantes consacrées de l'Asie primitive, le même nom désigne chez les Polynésiens la plante, le suc ou boisson qu'on en exprime, et enfin le cérémonial auquel cette boisson donnait lieu. Jusqu'à la fin du siècle dernier, à Tahiti, à Tonga, à Hawaï et dans leurs annexes, ainsi que dans l'archipel des Carolines, aucun grave événement n'avait lieu : traité de paix ou de guerre, conseil de la nation, funérailles de chef, anniversaires, etc., sans être accompagné ou consacré par la solennité du Kava.

Les chefs, guerriers et prêtres, et les propriétaires du sol avaient seuls droit à y prendre part (Œris, Eguis, Arikis, Oros); et aucun chef ne se serait rendu à une cérémonie du Kava sur le territoire d'un inférieur, à moins que celui-ci n'eût consenti à lui en céder la présidence.

La réunion se tenait toujours au pied d'un temple des dieux, tombeau des ancêtres (Moraï, Faï-Toka), tous les assistants formant un cercle et gardant un silence solennel pendant la préparation de la boisson mystique. — La plante elle-même était un emblème de paix[1].

Mexique. — En certaines solennités religieuses, on pétrissait avec de la fleur de maïs mêlée de sang une statue de la divinité tutélaire de la nation, et, après la consécration des prêtres, on la distribuait au peuple, qui la mangeait avec de nombreuses marques de respect, d'humilité et de douleur, déclarant que c'était là comme la chair de son dieu[2].

[1] Voy. entre autres : Mariner (*Tonga*) et d'Urville, *Premier voyage*, t. IV.

[2] Voy. Veytia et Acosta.

PIERRES DE TÉMOIGNAGES

Si nous passons de cet ordre d'idées à celui qui ressort de l'étude des *pierres de témoignages*, nous retrouverons, sous tous les cieux et sous tous les climats, le même fonds identique de conceptions.

On lit dans le premier livre de la Bible :

« Lorsque, après son rêve, Jacob se réveilla, il

Allée couverte.

dit : « Certainement l'Éternel est en ce lieu, et je « n'en savais rien.... » Il eut peur,... se leva, prit une pierre qu'il avait placée sous sa tête, la dressa *pour monument*, et en arrosa le sommet avec de l'huile.

« ... Il fit un vœu en ces termes : « Si Dieu est « avec moi et qu'il me garde dans le voyage que « je fais, que je regagne en paix la maison de mon

« père, l'Éternel sera mon Dieu, et *cette pierre* « *dressée pour monument* la maison de mon Dieu[1] ! »

Quand Rachel vint à mourir, Jacob érigea une stèle ou pierre debout sur sa sépulture, qui est encore jusqu'à ce jour la stèle de la tombe de Rachel[2].

Les Ismaélites, avant l'hégire, avaient coutume d'emporter avec eux dans leurs migrations quelques pierres du pays qu'ils abandonnaient. Ils les regardaient comme sacrées : ils les plaçaient debout dans les lieux où ils se fixaient[3].

FAÏ-TOKAS DE TONGA

« C'est au sein des forêts que les anciens habitants des îles Tonga, idolâtres de leurs rois, avaient placé les tombeaux de cette *race sacrée*. Ces monuments d'un âge plus entreprenant étonnent aujourd'hui par leur masse et leur étendue. Les *faï-tokas*, ainsi se nomment ces sépultures, sont des éminences artificielles, au sommet desquelles s'élèvent, sur un plan quadrangulaire, trois ou quatre assises de gros blocs granitiques disposés en degrés, dont chacun aurait quatre ou cinq pieds de hauteur.

[1] Genèse, chap. XXVIII, v. 16 à 22.
[2] Genèse, chap. XXXV, v. 19 et 20.
[3] G. Sale, *Observ. hist. sur l'Islam.*

Si un seul degré s'élève au sommet du tertre, c'est qu'un seul *Touï-Tonga* dort dans cette sépulture ; si les os de toute une famille ont été déposés dans un tombeau commun, trois ou quatre degrés l'un sur l'autre indiquent cette réunion. J'ai mesuré plus d'une pierre de huit à quinze pieds de longueur. Je me les suis figurés bien différents de leurs descendants amollis, ces hommes des anciens temps, qui, dans leurs pirogues, allaient chercher à plus de cent cinquante lieues ces blocs énormes, qui les taillaient sans le secours du fer et parvenaient, par des moyens inconnus, à les placer sur ces mamelons où, par leur propre poids, ils sont fixés à jamais, comme ces monuments druidiques de la Bretagne, qu'on dirait posés sur la terre plutôt par le charme des talismans que par la puissance des hommes. »

« ...Ces monuments sont essentiellement *tabou*[1], et sont enveloppés de sombres massifs de baringtonias et de casuarinas. Ils offrent pour la plupart de grands espaces rectangulaires, entourés d'énormes blocs de pierre dont quelques-uns ont jusqu'à quinze ou vingt pieds de longueur sur six ou huit de largeur et deux d'épaisseur. Les plus somptueux de ces monuments ont quatre ou cinq

[1] Saints, sacrés.

rangs de gradins, de manière à former une hauteur totale d'une vingtaine de pieds. L'intérieur en est comblé par des galets et des morceaux bruts de corail. Un de ces faï-tokas, que je mesurai, se trouva avoir cent quatre-vingts pieds de long sur cent vingt de large. A l'un des angles supérieurs, je remarquai un bloc encore plus considérable et entaillé d'une forte échancrure. On me dit que c'était le siége de la Touï-Tonga-Fafine ; c'était là qu'elle se tenait pour présider à la cérémonie des funérailles du Touï-Tonga[1]. »

Un monument encore plus étrange a été découvert dans ces dernières années à Tonga-Taboo, île située sous le 20° 40′ de latitude sud et le 175° 40′ de longitude ouest. Ce monument s'élève sur un roc de corail, dans une partie reculée de l'île, non loin de ces tombes cyclopéennes des Touï-Tongas, dont ont parlé Cook et d'Urville.

Il a été découvert par M. Philippe Hervey, de Sydney. Il est situé à huit ou neuf milles des tombeaux.

M. Hervey, quoiqu'il ne fût pas pourvu des instruments nécessaires pour mesurer le monument, croit pouvoir affirmer que ses dimensions sont approximativement les suivantes : une pierre

[1] D'Urville, *Premier voyage de* l'Astrolabe, t. IV.

transversale qui s'appuie sur deux murailles parallèles a vingt-quatre pieds de long et quatre d'épaisseur. Les murailles ont seize pieds de haut, huit ou neuf de largeur et quatre ou cinq pieds d'épaisseur. La matière qui a servi à cette construction singulière a été tirée des bancs de corail des côtes voisines, tandis que toutes les autres constructions de l'ile sont faites d'une pierre four-

Cromlech.

nie par la grande île Wallis, située au nord-ouest de Tonga.

Quant à l'époque où cette construction a eu lieu, il est impossible de rien préciser, ni même de supposer une date approximative ; mais, selon toute probabilité, cette construction remonte à une très-haute antiquité. Les indigènes, qui peuvent désigner les tombes de trente Touï-Tongas dont ils racontent l'histoire, ne savent rien sur le monument de corail. Ils haussent les épaules en signe d'ignorance, quand on les questionne à ce sujet, et disent qu'aucun homme de l'île n'en sait plus long qu'eux touchant le monument. A l'un des angles de l'édifice est un gros arbre qui ombrage la pierre rouge de son ombre étendue.

Dans le Yucatan aussi, d'anciennes constructions pyramidales situées au milieu des forêts de l'Amérique centrale ont été trouvées de nos jours, protégées de même par des arbres qui s'étaient ouvert une voie entre leurs pierres. Mais ce ne ne sont pas les exemples les plus authentiques et puisés aux sources les plus autorisées qui nous manqueront.

MORAÏS DE HAHITI

Des arbres, des casuarinas en général, distinguent les lieux où les indigènes enterrent les os de leurs morts. Ils donnent le nom de moraï à *ces sépultures, qui sont aussi des lieux où ils célèbrent un culte religieux.*

« L'un de ces monuments est le principal morceau d'architecture que renferme l'île. C'est une fabrique de pierres, de forme pyramidale, sur une base en carré long de deux cent soixante-sept pieds de longueur sur quatre-vingt-sept de large. Elle comprend onze rampes de blocs de corail blanc, élevées chacune de quatre pieds, ce qui donne quarante-quatre pieds de hauteur totale[1]. »

« Au milieu d'une clairière environnée de toute part d'ombreuses plantations, nous aperçûmes un moraï composé de trois rangées de pierres en forme d'escalier, chacune d'environ trois pieds et demi de hauteur. Des cocotiers, des bananiers, des dracæna fleurissaient tout autour, et de jeunes casuarinas, aux rameaux longs et tombants, répandaient une mélancolie touchante sur cette scène.... qui avait réellement quelque chose de grand et de favorable aux méditations religieuses[2]. »

ILES CAROLINES

« L'énormité des blocs de pierre que nous vimes au village de Lélé nous frappa d'étonnement. Ils formaient des murailles hautes de plus de quinze ou vingt pieds, qui ceignent une colline rasée au niveau des murs, et occupent un emplacement quadrilatère revêtu d'un épais gazon, où s'élèvent quelques touffes de bananiers et de cocotiers. Cet endroit sert à la sépulture des *Uros*[3]. »

[1] Cook, *Premier voyage.*
[2] Cook, *Deuxième voyage.*
[3] Lesson, *Voyage autour du monde.*

ILES CANARIES

Les Haourythes de l'île de Palma avaient élevé des pyramides en pierres sèches, autour desquelles ils se réunissaient à différentes époques pour assister à des fêtes religieuses.

Les Canariens recouvraient les sépultures avec des pierres accumulées en forme de pyramides.

Ils avaient encore pour les exigences du culte des monuments en pierre, sur les sommets révérés des montagnes[1].

SÉNÉGAL

En 1824, rapporte Caillié dans la relation de son voyage à Tombouctou, on voyait encore, sur les frontières du Oualo et du Cayor, une pierre qui était l'objet d'une sorte de culte religieux. Quelques années avant cette époque, elle donnait lieu à une fête annuelle, où tous les habitants étaient obligés de se rendre : le soir, on déposait près de la pierre des calebasses remplies de couscous bien préparé, et, comme le lendemain il se trouvait presque toujours mangé par les animaux,

[1] Voy. Bertellot, *Mémoires de la Société ethnol.*, t. Ier.

on croyait qu'un génie résidait dans la pierre ; on regardait comme un heureux présage qu'il acceptât l'offrande.

OBOS. — SOUBOURGANS

« ... Bientôt nous nous trouvâmes en présence d'un grand *obo*, au pied duquel les Tartares viennent adorer l'esprit de la montagne. Ce monument n'est autre chose qu'un énorme tas de pierres amoncelées sans ordre. A la base est une grande urne de granit, dans laquelle on brûle de l'encens. Le sommet est couronné d'un grand nombre de branches desséchées, fixées au hasard parmi les pierres. A ces branches sont suspendus des ossements et des banderoles chamarrées de sentences thibétaines ou mongoles. »

« ... Dans toutes les contrées de la Tartarie, on rencontre fréquemment de ces monuments informes ; toutes les montagnes en sont couronnées, et les Mongols en font l'objet de fréquents pèlerinages. *Ces obos nous rappelaient involontairement ces lieux élevés, loca excelsa, dont parle la Bible*[1]. »

Suivant Timkowski (*Voyage de Kiakhta à Pekin*)

[1] Huc, *Souvenirs d'un voyage dans la Tartarie, le Thibet et la Chine*. 1844-1846.

les *soubourgans* diffèrent des obos par la matière et par la forme. Ils sont le plus souvent composés d'une charpente de bois, affectant la figure d'un obélisque.

Dans l'île de *Savu*, chaque rajah dresse, dans la principale ville de sa principauté, une grande pierre qui sert de monument à son règne. Plusieurs de ces pierres, rapporte encore Cook, sont si grandes, qu'il est difficile de concevoir par quels moyens on a pu les amener au sommet de la colline où elles sont placées.

La terre est remplie de ces monuments de l'homme, qui semblent fort au-dessus des forces de la mécanique actuelle.

Lors même que tous les aborigènes de l'Inde ne posséderaient pas, ainsi qu'ils le font, au degré le plus intime, les mêmes croyances, les mêmes rites, la foi aux sortiléges, le culte spécial de certains esprits élémentaires, le même mépris pour les idoles et pour la doctrine de la métempsycose, les mêmes coutumes domestiques, la même forme d'habitation et de vêtement, la même adresse à tirer parti du bambou pour leurs ustensiles, la même tactique en temps de guerre, et le même mode d'attaquer de nuit et de semer de chausse-trapes les chemins exposés à la venue de l'ennemi, nous ne voudrions pour preuves de leur antique parenté que leur organisation sociale, rappelant celle des premiers Celtes et des premiers Hellènes qui s'établirent en Europe, et surtout le soin religieux avec lequel ils consacrent par des monuments lapidaires la sépulture de leurs chefs et la mémoire des événements saillants de leur existence sociale.

Ces monuments en pierres brutes et non taillées, comme les premiers autels de Jéhova, sont tantôt isolés, comme les *maen-hayrs* bretons, tantôt disposés en cercle comme le *stone-henge* anglais, ou superposés l'un à l'autre comme les *dolmens*. Un lieutenant de génie du Bengale, M. Yule, qui le premier attira l'attention sur ces monuments, mentionne entre autres le cercle de Northung[1], dans les monts Khasias, composé de plusieurs *dolmens* et d'une douzaine de pierres levées, dont quelques-unes n'ont pas moins de trente-deux pieds de haut, sur quinze de large et deux d'épaisseur. Il remarque que la disposition de ces monolithes, ainsi que celle des autels ou tombeaux, généralement supportés par trois blocs moins forts, rappelle identiquement celle de tous les vestiges de la civilisation druidique conservés

[1] Ou Nurthiung, près des frontières du Bengale oriental.

dans notre Occident, ou découverts par Bell en Circassie et par Mangles et Irby dans leurs voyages en Syrie. il ajoute que presque tous les villages des Khasias orientaux tirent leurs noms de vestiges semblables : ainsi *Mausmai* signifie la *pierre du*

Le cercle de Northung.

serment, parce que, à la suite de longs et sanglants démêlés, les clans de Churra et de Mausmai, ayant fait la paix, la jurèrent en ce lieu et dressèrent un monolithe en témoignage de cet événement, de la même manière que Laban éleva une stèle entre son gendre et lui, disant : « Regarde cette pierre ; qu'elle soit dorénavant un témoin entre toi et moi[1]. »

De même, *Mamloo* est *la pierre du sel*, et se lie à l'antique usage de sanctionner une alliance, un traité offensif ou défensif, par la communion du sel. De même encore *Maunflong* est *la pierre verte*, etc.

Si, à tant de coïncidences avec les usages caractéristiques de la civilisation première de notre Europe, on vient à joindre l'identité étymologique des radicaux désignant ces monuments dans la langue de nos ancêtres et dans celle des aborigènes de l'Inde[2], n'est-on pas conduit par cette voie encore à répéter avec le consciencieux Hodgson : « Que celui qui remonte aux éléments des destinées humaines pour étudier sérieusement le progrès des sociétés, au lieu d'envisager le passé d'après les théories préconçues ou des préjugés classiques, se donne pour tâche de regarder autour de lui et de comparer[3]. »

[1] Genèse, chap. XXXI.

[2] *Maen, men, man* en celtique et en kimri ; *mauc, maun, mant*, parmi les tribus de l'Inde.

[3] Hodgson, *on the Aborigenes of India*. (Journal of the Asiatic Society, 1849.)

CHAPITRE II

La hiérarchie du panthéon primitif et l'organisation sociale. — Poésie religieuse. — Premiers hymnes indiquant la conception d'un dieu suprême. — Les fils des dieux. — Les Divi.

Dans la conception des rites et des dogmes précédents, aussi remarquables par leur universalité que comme indices de la voie qui devait conduire de l'idolâtrie au monothéisme, nous ne saurions voir l'intervention de la métaphysique. Agir autrement, ce serait oublier que cette science est l'effort intellectuel des époques où, en possession de tous les buts placés sur son horizon, l'esprit de l'homme se replie sur lui-même pour analyser ce que jusque-là il a cru aveuglément, et partant, qu'elle n'a pas été possible au sein des peuplades dont les jeunes et fraîches impressions ont légué à l'âge suivant les thèmes primitifs des Vêdas.

La hiérarchie de la cité céleste, comme l'organisation de la société humaine, sortit donc tout entière et sans abstraction de la nature positive des choses. Quand une tribu, favorisée par les événements, eut fait sentir la suprématie de sa population, de ses richesses pastorales ou de son industrie agricole, à un certain nombre de tribus plus faibles, plus ignorantes et plus pauvres; lorsqu'elle les eut enveloppées dans sa sphère d'action à titres divers : — comme clientes, par les avantages de sa protection; comme vassales, par les nécessités de la guerre et de la défense commune; comme esclaves, enfin, par la force des armes; — son dieu patronymique prit naturellement le pas sur les dieux des tribus inférieures. Il devint, de droit et suivant une expression dont l'énergique couleur locale nous refoule bien avant dans les siècles, *le bélier* du troupeau divin, comme ses premiers sectateurs devinrent les chefs, les pasteurs des pasteurs subalternisés. A lui le ciel, à eux la terre.

Peut-être n'est-il pas hors de propos de transcrire ici, à l'appui de notre opinion, quelques strophes d'un hymne védique, dont les scoliastes des âges suivants nous semblent avoir respecté l'esprit primitif, et dont l'enthousiasme impérieux rappelle, au premier abord, le caractère d'injonction religieuse que devait revêtir la parole dans la bouche d'un prêtre puissant, imposant à d'humbles néophytes la suprématie de son dieu :

1. « Le premier né d'entre les dieux, celui qu'ils honorent et dont ils tiennent leur splendeur... peuples, c'est Indra !

2. « Celui qui consolide la terre ébranlée et ouvre le sein des nuages, qui a étendu les espaces des airs et affermi le ciel ; peuples, c'est Indra !

4. « Celui qui ranime tous les êtres, qui a repoussé dans les ténèbres des régions souterraines le vil Asoura, et qui, chasseur indomptable, se couvre des riches dépouilles des ennemis innombrables qu'il a vaincus ; peuples, c'est Indra !

6. « Celui qui a droit aux prières et aux hommages du riche et du pauvre, du prêtre et du poëte ; le plus beau des immortels, le gardien du Soma brillant dans la coupe sacrée ; peuples, c'est Indra !

7. « Celui de qui tout dépend : les coursiers, les troupeaux mugissants, les chars et les demeures des hommes; le créateur du soleil et de l'aurore et le régulateur des ondes ; peuples, c'est Indra !

9. « Celui qui tient le sort des combats et à qui les guerriers demandent la victoire; celui qui,

ayant tout formé à son image, communique le mouvement même aux êtres inanimés ; peuples, c'est Indra !

10. « Celui qui n'est sans pitié que pour le criminel et l'impie, sans pardon que pour l'orgueil révolté, qui frappe sans relâche et terrasse le Daysion ; peuples, c'est Indra !

12. « Celui qui, le front orné de sept rayons, a, dans son essor rapide, ouvert le lit des sept fleuves ; qui, armé de la foudre, a précipité du ciel les Asouras qui l'escaladaient ; peuples, c'est Indra !

13. « Celui devant qui les cieux s'inclinent, la terre tressaille et les montagnes tremblent, alors qu'il descend sur la coupe du Soma, environné de tonnerres et d'éclairs ; peuples, c'est Indra ! »

Les sociétés primitives du bassin du Nil ont laissé de nombreux jalons dans la voie que remontent nos investigations, et les échos sacrés d'Égypte et d'Éthiopie ont, pendant de longs siècles, répondu par des noms longtemps oubliés ou défigurés aux lointains échos de l'Himalaya acclamant celui d'Indra dans les hautes vallées de l'Indus et Satledje. Grâce aux laborieuses recherches des infatigables adeptes de la science que créa Champollion, beaucoup de ces noms, de ces jalons, ont été retrouvés, expliqués, et nous n'avons que l'embarras du choix pour placer en regard de l'inspiration lyrique de la haute Asie un échantillon authentique de la poésie religieuse telle qu'elle existait en Égypte, avant comme après le grand cycle qui suivit l'expulsion des Hycsos. Voici un fragment d'hymne dont la rédaction, suivant M. E. de Rougé, remonte au quinzième siècle avant notre ère :

« Adoration au dieu Ra,-Toum,-Choper (soleil couchant, soleil créateur), dieu des deux zones célestes.

« Hommage à toi, être immortel, enfant divin qui chaque jour *se* donne la naissance à lui même!

« Hommage *à toi* qui luis dans les eaux du ciel pour vivifier tout ce *qu'il* a créé; *il* a fait le ciel et l'abîme de ses horizons.

« Hommage à toi, Ra! *Lorsqu'il* s'éveille, ses rayons portent la vie aux hommes purs (irradiat vitam puris).

« Hommage à toi, qui as fait les types divins dans leur ensemble! Lorsqu'*il* se cache, ses voies sont inconnues (inenarrabilis via ejus).

« Hommage à toi! Lorsque tu circules dans les régions supérieures, les dieux qui t'approchent tressaillent de joie. »

A la suite de ce morceau, où il est bien difficile de ne pas entrevoir en germe la concision, le mouvement rapide, les brusques ellipses, les oppositions d'images et la forme rhythmique qui distinguent la poésie sacrée des Hébreux, qu'il nous soit permis de transcrire un fragment cosmogonique que n'auraient pas, à une variante de nom près, répudié les pontifes de Méroé. Recueilli sur une île lointaine, à peu près aux antipodes de l'Éthiopie, il a dû être, à l'origine, bien profondément empreint de l'antique esprit védique pour que la transmission orale, pendant des temps incalculables, des stations innombrables et d'effrayantes pérégrinations sur les flots, l'ait laissé tel que nous l'ont redit les derniers prêtres indigènes de Tahiti :

« Il était. Taaroa était son nom. Il planait dans le vide. Point de terre ; point de ciel ; point d'hommes. Taaroa appelle, mais rien ne lui répond. Alors de son existence solitaire il tire celle du monde. Les piliers (qui doivent le soutenir), les rochers, les sables se lèvent à la voix de Taaroa. C'est ainsi que lui-même s'est nommé.

« Taaroa est la clarté, il est le germe, il est la base, il est l'incorruptible, le fort qui créa l'univers... Il lui donna le mouvement, il en fait l'harmonie.

« Venez, dit-il aux éléments, piliers, rochers, sa-
« bles, vous tous qui devez former la terre, venez. »

Il les presse, les presse encore ; mais ces matières rebelles ne veulent pas s'unir. Alors de sa main droite il lance les sept cieux pour en former la base universelle, et la lumière étincelle, et l'obscurité s'évanouit... L'immobilité cesse, le mouvement naît ; les cieux tournent recourbés en voûtes élevées ; la mer remplit ses profondeurs ; l'univers est créé, et devant son immensité le dieu reste ravi en extase[1] ! »

S'étonner de nous voir apporter au tribunal de l'histoire un témoignage venu d'une petite île perdue dans les espaces terrestres, et dont les annales ne remontent guère au delà du jour où elle s'est rencontrée sur le sillage des vaisseaux de l'Occident, ce serait oublier que ce point, si imperceptible qu'il soit sur la carte du globe, a été pourtant un des centres les plus actifs d'une société archipélagienne répandue sur une aire immense de notre planète et qu'il a gardé, sous l'heureuse influence de l'isolement, sur un sol facile et sous un beau ciel, comme un inaltérable dépôt jusqu'au moment de son contact avec l'Europe, la fraîcheur de sang et d'idées, l'ignorance de mœurs et la simplicité d'institutions qui caractérisent l'âge dont nous essayons d'esquisser l'ensemble géné-

[1] Voy. les ouvrages de Mœrenham et d'Elli sur les îles du Grand Océan.

ral ; ce serait ne tenir aucun compte de la filiation continue de ces institutions, de ces mœurs et de ce sang qui, par les Haraforas de Tondano, les Bouguis de Célèbes, les Dayaks de Bornéo, les montagnards de Java, les Lampangs et les Battas de Sumatra, remonte jusque sous les couches inférieures des populations indoues et qui, d'autre part, rattache celles-ci aux Éthiopiens de l'antiquité, d'où procèdent les Abyssins, les Noubas, les Berbères, les Chouas et les Foulahs des temps modernes.

On sait aujourd'hui que les noms des dieux solaires de l'Égypte, les titres qualificatifs de ses rois et de ses chefs secondaires, déformés par l'histoire écrite mais restitués par les monuments, se sont retrouvés identiquement les mêmes à Tahiti ;

Que la division de la société dans cette île, ainsi qu'à Tonga, à Hawaï et dans leurs annexes, en famille souveraine, en chefs de clans ou de districts, en prêtres, en guerriers, en prolétaires et en esclaves, correspond entièrement à celle dont les découvertes récentes de l'égyptologie ont constaté l'existence sur la terre antique des pharaons ;

Que les fêtes cycliques, par lesquelles les Polynésiens célébraient, avec de grandes démonstrations de deuil ou de joie, la descente de leurs divinités dans les ténèbres inférieures, à l'équinoxe d'automne, ou leur retour ascensionnel dans les régions de la lumière, à l'équinoxe du printemps, *rappellent exactement* ce que nous ont transmis les anciens des cultes d'Ammon-Ra et d'Ousiréi;

Que le mot *tabou*, dont la signification expiatoire domine impérieusement toutes les institutions religieuses et civiles des Polynésiens, existe avec un sens analogue dans la plupart des langues sémitiques;

Que les dialectes polynésiens appartiennent, par leur système grammatical, à la même famille que le copte, ce vieux débris de la langue égyptienne;

Et qu'enfin, jusque dans l'intronisation de leurs rois pontifes, dans les attributions qui leur étaient dévolues, dans le cérémonial qui les entourait vivants et dans le mode de leur sépulture, les petites monarchies insulaires du Grand Océan nous ont conservé le spécimen fidèle, autant que leurs proportions l'ont permis, de la grande société occidentale dont le Nil, pendant un parcours de plus de cinq cents lieues, dispute aux sables du désert les vestiges et les tombeaux.

Comme on ne peut guère faire honneur au hasard de ces étonnantes coïncidences, qu'on ne peut pas davantage admettre qu'une de ces deux sociétés ait enfanté l'autre, séparées qu'elles étaient par le diamètre entier du globe, il faut bien aller chercher les traces de leur souche commune dans la seule terre qui ait pu la nourrir. Nous l'avons déjà dit, cette terre, c'est l'Hindoustan, tel qu'il était dans les siècles qui s'écoulèrent entre sa conquête sur les Koushites par les pasteurs himalayens et la grande invasion arienne qui l'assujettit au régime uniforme des castes, de la langue sanscrite et des lois de Manou.

Nous avons cru devoir insister tout particulièrement sur cette filiation, parce que ce n'est que par elle qu'on peut arriver à la solution logique d'un problème anormal, qui longtemps n'a figuré dans l'histoire que comme une inexplicable aberration de l'esprit humain.

Certes, au début des études historiques, on s'étonne à bon droit de la facile complaisance manifestée par toute l'antiquité classique à prodiguer les titres et les honneurs divins et à ouvrir ses panthéons à une foule de morts sans gloire, ou de vivants sans vertu; on ne comprend pas les images des souverains égyptiens de tout sexe et de tout âge, mêlées dans les temples à celles des dieux, admises au sein des triades nationales, recevant les mêmes hommages avec le même encens; et, s'indignant de toutes ces prostitutions du mot le plus ineffable qu'ait proféré la bouche de l'homme, de l'idée la plus haute qu'ait atteint sa pensée, on finit par conclure à l'avilissement du sens moral, à l'atrophie de la conscience chez les générations qui les ont tolérées.

Mais lorsque, plongeant plus avant dans le passé,

Chants et musique en l'honneur d'un Atoua.

on retrouve ces usages inqualifiables implantés chez tous les peuples à une époque donnée de leur existence; lorsqu'on en suit les traces encore profondes dans la décrépitude des monarchies de l'Orient; lorqu'on les étudie en pleine vigueur parmi les peuplades de la Polynésie, où presque de nos jours le grand navigateur Cook, avant d'être déifié par ses meurtriers comme tant de césars romains par les leurs, a pu voir la puissance et la personnalité de certains chefs qualifiées de *divines* et honorées comme telles; lorsque, plus récemment encore, on a pu entendre des guerriers zélandais acclamer l'un d'eux, qui les guidait au meurtre et à des banquets, de chair humaine, par ces mots stupéfiants : *Nous te saluons dieu*[1] ! n'est-on pas conduit à chercher la raison d'être d'un fait aussi exorbitant ailleurs que dans des motifs suggérés par des idées modernes, et ne doit-on pas attribuer son éclosion uniquement au milieu moral d'un âge humain que nous avons traversé depuis longtemps, et dont il n'existe plus sur la terre que des effluves isolés?

Or ce milieu est, sans nul doute, celui qui enveloppe les origines indoues; et, de même que sur son fond obscur les Arihs Védiques nous apparaissent comme les ancêtres, par le sang et l'étymologie, des Eris du Grand Océan et de la vallée du Nil, des Aruns, Héri, Géroa des nations européennes, de même y découvre-t-on que les mots de Dévas et d'Amritas, qualificatifs des puissances célestes, ont été attribués par l'ignorance

[1] Marsden et Kendall, d'Urville, *Voyage de* l'Astrolabe.

naïve et la simplicité de cœur des premières sociétés himalayennes à ceux d'entre les Arihs qui, forts par le bras ou par la parole, présidaient à leurs destinées dans la paix ou dans la guerre, les réunissaient autour de l'autel du sacrifice ou du tapis des libations, les initiaient à quelques notions nouvelles de la vie pratique, ou élargissaient devant elles, à un titre quelconque, le cercle de la pensée.

Ce point de vue une fois atteint, on arrive à comprendre, et même à justifier jusqu'à un certain point les *Atouas* terrestres de l'Océanie, les *Egrégores* des traditions chaldéennes, les *Dieux mortels* de l'Égypte et de la Grèce, ainsi que les *Divi* légués par l'Étrurie à cette Rome impériale où, avant de s'évanouir pour toujours, les ombres de tous les âges couchés dans le sépulcre surgirent, pour se coaliser et réagir contre l'aube de l'âge chrétien qui pointait à l'horizon.

On lit, à ce sujet, dans des auteurs respectés : « ... Je tenais surtout à voir un personnage que l'on me peignait comme bien extraordinaire. A en croire Omaï, ce n'était rien moins que l'Atoua de l'île (Borabora). Nous le trouvâmes assis sous l'un de ces abris (plates-formes) qu'offrent ordinairement leurs plus grandes pirogues. Vieux, cassé, perclus de ses membres, il se faisait porter sur une civière. Son véritable nom était Et-ari, mais du nom même du dieu suprême de l'île les insulaires en l'approchant l'appelaient Or-ra! (Soleil.)[1] »

« ... J'eus enfin l'occasion de voir un de ces êtres singuliers. C'était un homme chargé de jours, qui depuis sa jeunesse habite, dans un canton reculé de l'île (Nou-hiva, une des Marquises), une grande case, environnée de palissades, et où s'élève un autel. Aux poutres de l'habitation, ainsi qu'aux branches des arbres qui l'ombragent, pendent des squelettes humains, tournés la tête en bas. On ne pénètre dans cet antre que pour être immolé. Souvent, assis sur une plate-forme élevée devant sa case, on le voit réclamer le sacrifice de deux ou trois victimes. On lui en offre plus qu'à tout autre dieu...[2] »

« ... L'orgueil, la cruauté et la licence sont au nombre des principaux traits du Néo-Zélandais. Il se courbera peu ou point devant un morceau de bois ou de pierre, mais il s'érigera lui-même en dieu[3]. »

[1] Cook, *Troisième voyage*.

[2] Crook, *Missionary Register*, 1797.

[3] Kendall, *Miss. Register*, nov. 1819.

« ... L'orgueil des chefs de la Nouvelle-Zélande va jusqu'à usurper de leur vivant les attributs de la divinité, et à se faire traiter de dieux par leur peuple. Nous avons entendu les naturels interpeller quelquefois en ces termes le terrible Shongui, du plus loin qu'ils l'apercevaient : « Aïre maï, Aïre maï, Atoua ! — Viens ici, viens auprès de nous, ô dieu ![1] »

Aux îles Tonga, les chefs descendaient des dieux. Le Touï-Tonga, ou souverain pontife, toujours choisi dans la famille divine des Fata-faïs, descendait du dieu suprême Tangaroa ; le Vea-Tchi, son lieutenant, de la deuxième divinité de la hiérarchie céleste[2].

Lorsque Cook découvrit l'archipel d'Hawaï, les naturels l'accueillirent comme une de leurs divinités solaires, *Rono*, parti depuis plusieurs siècles, et dont ils attendaient le retour. — Après la rixe où périt l'illustre navigateur, ils rendirent les honneurs divins à sa dépouille. Les chefs et les prêtres sanctifièrent sa mémoire et, jusqu'à leur conversion au christianisme, crurent que le *divin Rono*, ressuscité, reparaîtrait un jour pour se venger[3].

[1] Marsden, *Deuxième voyage à la Nouvelle-Zélande*, 1819.
[2] Mariner, *Hist. de Tonga*. D'Urville, *Premier et Deuxième voyage*.
[3] Voy. d'Urville, *Voyage pittoresque;* les Missionnaires, etc.

On sait que, dans l'Inde antique, tous les rajahs des petites principautés qui se partageaient les vallées de l'Indus et du Gange descendaient du dieu Soleil ou du dieu Lunus, et que les héros qui s'élevaient dans chacun de ces centres sociaux y étaient regardés comme les incarnations (avatar) de la divinité qui y était plus particulièrement honorée.

CHAPITRE III

Évolution logique. — Décadence des mœurs et des institutions de cet âge, par la création de centres et de pouvoirs sociaux. — Conséquences du despotisme et des castes primitives. — Monstruosités. — Réformes. — Temps historiques. — Conclusion.

Si légitimes qu'aient pu être à l'origine les conceptions que nous venons de passer en revue et les hiérarchies qu'elles consacrèrent, on conçoit à quelles conséquences terribles leur évolution logique dut aboutir quand l'agglomération de plusieurs tribus eut créé des centres et des pouvoirs sociaux ; quand, autour de la tombe de quelque dieu mortel, transformée en autel, ses descendants, rois et pontifes de par ce tombeau, eurent fixé à demeure leurs habitations jusque-là errantes et fait sortir peu à peu la cité d'un campement de pasteurs ; quand le premier-né, ou le mieux doué d'entre eux, eut absorbé dans sa suprématie celle de tous ses frères et de tous ses alliés et quand, la développant avec les obstacles à vaincre ou même les services rendus à la communauté, il l'eut étendue jusqu'au droit de propriété absolue sur les hommes et sur le sol, jusqu'au droit arbitraire de vie et de mort sur tout ce qui respirait au-dessus de lui ; quand enfin, représentant de dieu, fils de dieu, dieu lui-même, il fut devenu le seul interprète de la conscience suprême, le seul appréciateur du bien et du mal!...

Ces conséquences furent :

1° Dans l'ordre moral, la confusion de toutes les notions du juste et de l'injuste, de l'horrible et du beau ;

2° Dans l'ordre religieux, un polythéisme sans autres limites possibles que la négation de l'athéisme ou l'antagonisme d'idole à idole, de fétiche à fétiche, de Dâityas à Dêvas, de Suras à Asouras ;

3° Dans l'ordre politique, la concentration de toutes les forces vives autour du centre, temple et palais à la fois ; les classes supérieures, prêtres et guerriers, groupés dans l'enceinte de la cité naissante, sous la main du chef suprême ; les champs abandonnés aux troupeaux gardés par les seuls esclaves, bétail humain, responsable de l'autre par ses membres et par son sang;

4° Dans l'ordre social, un système d'aristocratie aussi bassement servile envers le despotisme absolu que cruellement oppressive envers les classes inférieures; celles-ci avilies jusqu'à la servitude, et les esclaves jusqu'à l'animalité;

5° Autour du foyer domestique, les habitudes tellement corrompues, les liens les plus sacrés tellement relâchés par la polygamie et le trafic de la personnalité humaine, que la sécurité du père de famille n'a exigé rien moins contre la haine de ses compagnes et de ses serviteurs, que la loi monstrueuse qui condamne à mourir avec lui celles de ses femmes, ceux de ses esclaves qu'il a le plus tyrannisés pendant sa vie;

6° Enfin, sur tous les degrés de la hiérarchie, l'exploitation de l'homme par l'homme, poussée à un point qui n'a plus de nom dans les langues modernes, et où, suivant son âge, son sexe, ses forces et sa beauté, le faible n'était pour le fort, le vaincu pour le vainqueur, le captif pour son maître, qu'une matière vile à accabler de labeur sans trêve ni récompense, une offrande expiatoire à jeter sanglante sur l'autel des dieux, une chair jeune et savoureuse à dévorer dans un jour de triomphe ou à polluer dans l'ivresse d'un festin de cannibales!

Ceci n'est pas une hypothèse métaphysique, élaborée à l'aide d'inductions; ce sont des faits qui au fond des antiquités de tous les grands centres sociaux, de tous les sols historiques, ont laissé des vestiges palpables ; des faits dont les légendes héroïques de notre Occident, les vieilles annales de la Chine et les récits d'Hérodote ont porté témoignage ; des faits que les modernes ont retrouvés, plus ou moins atténués par les siècles et les milieux ambiants, dans l'Amérique ainsi que dans l'Océanie, et sous lesquels gémit encore la portion la plus populeuse du continent africain.

Dans une zone immense qui du bassin du Zambèze s'étend vers le nord jusqu'aux sources du Nil, et de là vers l'ouest jusqu'aux cours supérieurs du Niger et du Rio-Volta, subsistent encore des sociétés qui vivent, si c'est là vivre, de l'esprit moral, religieux, social et domestique que nous venons de décrire.

Là, le vouloir d'un seul est l'arbitre unique ; les personnes, les biens de tous, grands et petits, faibles et puissants, sont également la propriété d'un seul. Là un seul fait la loi, la commente et l'applique. Au son de sa voix, à un signe de sa main, devant un pli de son front, on voit pâlir et trembler ses courtisans les plus redoutés du vulgaire, ses vassaux les plus hautains, qui tous n'achètent que par leur bassesse et leurs humiliations dans le palais le droit d'opprimer au dehors. Ses guerriers les plus braves, ses ministres les plus intimes ne l'approchent qu'à genoux et la tête dans la poussière, tandis que le bourreau, la hache sur l'épaule et le billot rouge et gras de sang à ses pieds, leur rappelle sans cesse, par sa présence à côté du trône, qu'ils doivent être prêts à mourir si le maître l'exige, et à le suivre dans la tombe quand il y descendra.

Puis, quand le dieu mortel veut honorer à sa manière les dieux du ciel ou la mémoire de ses ancêtres, ce sont des victimes humaines qu'il fait tomber sur les autels; c'est du sang d'homme qu'il faut pour ses libations, et en telle quantité que, lors de certaines solennités, *on a vu*, aux abords du palais et des temples, le sang des morts couvrir à flots les pieds des vivants; et pendant que les prêtres, enivrés par le carnage, réclament, cherchent et frappent incessamment de nouvelles offrandes, pendant que dans la cité, abandonnée à l'effroi et aux perquisitions des victimaires, les cris des mères et des orphelins répondent aux hurlements des condamnés et au râle des mourants, la tourbe des courtisans, prosternée aux pieds du despote tranquille et souriant, bourdonne en chœur des exclamations louangeuses dont on peut apprécier le sens général dans les paroles suivantes :

« O roi des rois, roi des cieux ! qui ne tremblerait devant le fils de ton père ? Héros invincible, que sont les puissants de la terre en ta présence ? Ce que sont les arbres de la forêt devant le grand éléphant. De sa trompe, il brise et disperse les plus fortes branches : ainsi se brisent dans les batailles les boucliers les plus épais devant celui de notre roi. Le souffle de sa bouche est sur le visage de ses adversaires comme la flamme sur l'herbe sèche ! Ses ennemis sont consumés devant lui, le roi des rois ! Père du feu, il monte dans l'azur du ciel ; il envoie ses éclairs dans les nuages, et la pluie en descend à sa voix ! Montagnes, forêts et vous, plaines verdoyantes, obéissez à notre roi, le roi du ciel[1] ! »

C'était probablement d'un encens analogue que s'exaltait le délire de Chéou-sing et de Ta-ki[2], aux heures de leurs sanglantes orgies, et que s'enivrait Astyage[3] lorsque, pour se venger d'un cour-

[1] Voy. Moffat.

[2] Tyrans mâle et femelle de la Chine, du douzième siècle avant notre ère.

[3] Voy. Hérodote, *Clio*.

Un despote africain et sa cour.

tisan, il lui faisait dévorer, sous ses yeux, le corps dépecé de son enfant.

Ce n'est là pourtant qu'un faible échantillon des flatteries sonores dont on étourdit incessamment les oreilles du moindre des despotes africains.

Et comme tout s'enchaîne ici-bas, et que, entre une exaltation aussi vertigineuse d'une part et tant d'abjection de l'autre, il n'y a qu'un principe reconnu : la force ; une seule passion admissible : la haine, il est advenu que, dans l'ordre social que nous décrivons, l'homme n'a connu qu'une fonction : la guerre.

La guerre, pour fournir de pâture *les dieux qui ont faim*[1], et gorger l'avidité des grands d'un butin animé ou inanimé ; la guerre, pour remplir dans leurs parcs à bestiaux les vides ouverts par leurs débauches sans frein, et pour leur procurer des moyens de trafic avec les marchands d'esclaves ; la guerre, pour orner la demeure du soldat de dépouilles opimes arrachées sanglantes aux cadavres palpitants des vaincus, et pour peupler sa couche de concubines nouvelles ; la guerre enfin toujours, comme moyen et comme but. Aussi, depuis des siècles qui datent d'avant Thèbes et Méroé sans doute, son souffle dévorant a-t-il

[1] Expression consacrée des prêtres astèques, quand les temples manquaient de victimes humaines.

accumulé tant de bouleversements, a-t-il soulevé tant de fois la vapeur contagieuse du carnage et l'aveugle esprit de représailles sur le continent africain, qu'aucune nation n'a pu y croître pour saisir la succession de la nation égyptienne, qu'aucune cité, au delà du Sah'ra, n'a vu naître dix générations, et qu'il n'est pas un point entre les tropiques où, du sein de quelques débris, ne puisse s'élever, chaque jour, un cri de douleur pareil à celui que nous croyons devoir enregistrer ici, comme un témoignage irrécusable des misères que nous cherchons à décrire.

Recueilli de la bouche d'un pâtre captif, gardant, sur les ruines mêmes de sa ville natale, des troupeaux qui peut-être avaient été les siens, et par un de ces hommes de foi et de dévouement, qui, de nos jours, ont recommencé, au nom du Christ, contre les successeurs des Oeris Ethiopiens, la lutte qu'au nom de Brahma engageait, il y a plus de quarante siècles, Paraçu-Rama contre les tchatrias de l'Inde, — ce témoignage nous a paru, sous la plume de notre contemporain, tout empreint de vérité touchante et de naïve poésie. Puisse-t-il ne pas s'être décoloré sous la nôtre !

« ..... J'ai vu de mes yeux cette désolation.... Ici vivait le chef d'une multitude d'hommes. Il les gouvernait en roi. Eux, fiers de leurs richesses et des siennes, l'avaient surnommé le grand chef du bétail bleu. Ses troupeaux, nombreux comme les nuées qui reposent sur les montagnes, couvraient au loin la plaine et les collines. Un

Le récit du pasteur cafre.

jour on lui parla d'ennemis qui s'avançaient et d'un péril prochain; il compta ses guerriers et sourit. Ceux-ci se reposaient sur leurs lances et raillaient la lâcheté des tribus qui avaient fui devant l'invasion. « Nous les taillerons en pièces, » disaient-ils, « nous suspendrons leurs boucliers

« aux piliers de nos demeures. Notre race est une « race de guerriers. Qui jamais a soumis nos pères? « qui les a vus plier dans les combats? Nous pos- « sédons encore les dépouilles qu'ils ont conqui- « ses aux anciens jours. Nos chiens n'ont-ils pas « rongé les boucliers de ceux que nos pères ont « combattus? Les vautours dévoreront de même « nos ennemis égorgés..... » Ainsi ils chantaient et se livraient à des danses guerrières. Mais tout à coup leur voix s'éteignit dans la nuit.... Des masses noires roulaient le long des collines : c'était l'ennemi qui s'approchait. Des nuages s'élevaient du sein de la plaine : c'était la fumée des villages incendiés.... Il y avait comme une tempête dans le cœur du grand chef du bétail bleu... Ses guerriers saisirent leurs armes, et s'élancèrent comme à la poursuite de l'antilope. Le choc des combattants retentissait comme un tonnerre et leurs zagaies semblaient une forêt agitée par un orage d'automne. En nous abordant, les envahisseurs poussèrent un cri de mort. Hélas! c'était un cri de victoire : d'affreux gémissements y répondirent. En peu d'instants, les nôtres jonchèrent la terre par centaines; les survivants s'enfuirent vers la ville, où les vainqueurs les suivirent avec des rugissements de lions..... Ils pillèrent et incendièrent les maisons, massacrèrent les femmes et les vieillards, et précipitèrent les enfants dans les flammes.

« Le soleil se coucha sur cette œuvre de destruction ; mais eux, joignant la débauche au meurtre, ils égorgèrent les troupeaux avec les bergers, et tuèrent jusqu'à ce que leurs mains tombassent de fatigue. Ivres de massacre, gorgés de la chair palpitante des agneaux et des bœufs et puisant à longs flots dans leur sang bouillant une soif toujours inassouvie, ils dansèrent, ils chantèrent jusqu'à l'aube du jour. — Alors les garçons et les jeunes filles réservés pour la servitude, chargés comme des bêtes de somme des dépouilles de leurs parents égorgés, furent dirigés à coups de bois de lance vers les habitations des vainqueurs. — Ceux-ci, avant de s'éloigner, recherchèrent tout ce qui pouvait survivre encore au milieu des cadavres : blessés épuisés de sang, vieillards épuisés de jours, nourrissons vagissant sur le sein de leurs mères glacé et tari par la mort ; et, les entassant pêle-mêle dans un enclos sans issue, ils étouffèrent dans le feu les derniers gémissements de tout un peuple.... Alors les lions sortirent de leurs repaires, attirés par l'odeur d'une si large proie ; les hyènes et les chacals quittèrent en plein jour leurs postes d'observation, et des nuées de vautours vinrent, en tourbillonnant, de tous les points de l'horizon, réclamer leur part de cet immense abatis de chair humaine!... Oh! voyez cette poussière qui tient dans le creux de ma main et que mon souffle fait voler au loin : c'est celle de mes pères et de mes frères ; c'est tout ce qui reste du grand chef des troupeaux azurés[1]. »

Les conséquences les plus hideuses de l'état de guerre, les sacrifices humains, qui de nos jours marquent encore de taches sombres tant de points de la zone équatoriale du globe, ont souillé tous les peuples, à une époque donnée de leur existence.

On sait ce qu'ils étaient chez les Scythes, chez les Germains, chez les Gaulois nos ancêtres. Ils n'étaient pas moins fréquents chez les Grecs des temps héroïques, comme tout écolier peut l'entrevoir sous le voile poétique dont les a recouverts la littérature des âges suivants.

Chez tous les peuples d'origine cananéenne, à Tyr, à Sidon, à Carthage, ils avaient pris un développement qui semble n'avoir rien eu à envier aux *grandes coutumes* des Ashantys et des Dahomiens modernes.

Mais nulle part les traditions de notre race ne nous montrent ces monstruosités avec les formes

[1] Moffat, ouvr. cité.

et les proportions colossales qu'elles avaient revêtues sur le sol de l'ancien Mexique, où, à travers de nombreuses couches de croyances, de cultes et de populations disparates, mais juxtaposées par les immigrations et les conquêtes, s'étaient fait jour et s'étalaient triomphants les effluves les plus délétères de la barbarie primitive : phénomènes analogues à ceux que la terre du Mexique a subis et subit encore de la part des feux volcaniques et des soulèvements des couches primitives de l'écorce terrestre. Dans le monde moral, comme dans le monde physique, les réactions sont d'autant plus funestes qu'elles proviennent de profondeurs plus grandes.

Pour les Astèques, le but de la guerre était bien moins d'agrandir leur empire que de pourvoir de victimes humaines les temples de leurs dieux. Chaque année, des détachements de leurs armées étaient dirigés vers quelque point des frontières où la politique traditionnelle du gouvernement ménageait l'indépendance d'un certain nombre de tribus hostiles ou rebelles : comme un grand propriétaire de nos jours ménage des réserves de chasse autour de ses domaines.

Le gibier ainsi mis en coupes réglées par les Astèques, c'était l'homme.

La razzia était réputée d'autant plus heureuse

qu'on avait fait moins de victimes pendant les luttes de la *battue*, et qu'on en avait capturé un plus grand nombre de vivantes, dignes, par le bon état de leurs membres et de leurs muscles, de figurer un jour de fête nationale ou privée, comme pièces de résistance, dans un banquet solennel, après avoir eu la poitrine dévotement ouverte sur la pierre du sacrifice et le cœur déposé dans une coupe d'or aux pieds d'une sanglante idole.

« A mesure que croissaient au Mexique l'opulence et le despotisme, les cérémonies religieuses se célébraient avec une pompe plus terrible. C'est ainsi qu'à Rome les spectacles de gladiateurs s'étaient multipliés avec la puissance de l'empire et celle de ses chefs. Les hommes se familiarisèrent les premiers avec ces scènes d'horreur, avec ces abominations dégoûtantes, puis les femmes et les enfants ; car la nation tout entière y assistait. Le cœur s'endurcit, les mœurs devinrent féroces..... et des milliers de victimes, dans tout l'Anahuac, étaient engraissées dans des cages, sacrifiées sur les autels et servies dans les banquets ! Tout le pays ne fut bientôt plus qu'un abattoir humain [1]. »

Si la chute de l'empire astèque coïncida avec

[1] W. Prescott, *Conquête du Mexique*.

12

Sacrifices humains au Mexique.

la chute du cannibalisme comme institution sociale, s'il ne persista plus que comme infirmité morale parmi des groupes sporadiques de l'humanité, les sacrifices humains ont survécu même à l'état de guerre dans de grands centres sociaux, grâce à l'orgueil des princes, aux calculs des prêtres, à l'abrutissante superstition de tous. On ne peut s'arrêter dès qu'on a mis le pied sur la pente glissante du passé. Ainsi en est-il du brahmanisme moderne. Il n'a dû sa victoire sur le bouddhisme qu'à une alliance intime avec la barbarie des âges primitifs. En y cherchant des étais et des auxiliaires, il s'est condamné à en redescendre un à un tous les degrés, à en soulever toute la poussière, à se plonger dans toute sa putréfaction. Il n'en est sorti qu'infecté à tout jamais, impuissant et suicidé. Quand il voulut rentrer dans ses temples, purgés des rites bouddhiques, il y trouva installés les dieux de ses alliés. Il ne s'y glissa qu'à leur suite et pactisa avec les cultes orgiaques et sanguinaires que ses premiers législateurs avaient écrasés ou subalternisés. Les Rajpoutes apportaient avec eux, de l'occident du Sind, l'infanticide et le meurtre des veuves : le brahmanisme apposa l'onction sainte sur ces monstruosités. Les tribus des montagnes et des forêts persistaient à vouer à leurs dieux des victimes humaines : non-seulement les brahmanes ne se souvinrent plus que leurs ancêtres védiques, les missionnaires arians, avaient-anathématisé ces pratiques impies, mais peu à peu ils se montrèrent jaloux eux-mêmes de humer la vapeur chaude du sàng humain coulant sous un couteau sacré. On sait ce qu'ils faisaient hier encore chez les Gonds.

Dans l'île de Bali, terre brahmanique, un rajah racontait au savant Crawfurt, au commencement de ce siècle, qu'aux funérailles de son père *soixante-quatorze* des veuves du défunt avaient été immolées sur son bûcher ; il ne prit pas la peine d'énumérer les esclaves soumis au même sort.

En 1839, presque sous les yeux de l'Europe, aux funérailles du célèbre Runjet-Sing, ses quatre femmes légitimes furent brûlées vives avec son cadavre ; sept eunuques furent sacrifiés avec elles.

Enfin notre génération a vu le rajah de Tanjore, dépossédé par les Anglais pour s'être livré depuis assez longtemps, dans l'intérieur de son palais, à des meurtres mensuels de jeunes vierges de douze à quinze ans qu'il offrait en holocauste tantôt à Çiva, tantôt à Vichnou, ne voulant pas s'exposer à ce que l'un de ces dieux fût jaloux de l'autre.

Monstrueuse, absurde, ou infâme, quelle ivraie

vivace que la cruauté dans le cœur de l'homme !... Une légende sanskrite, relative à un fait du même ordre que les précédents, et dont le rude langage bégaye, pour ainsi dire, la première protestation de la conscience humaine contre ces abominables usages, nous fait remonter, de quarante siècles peut-être, la route parcourue par les générations qui nous ont précédés. — Mais hélas ! pour mesurer l'intervalle qui sépare les têtes de colonnes de l'humanité de ses groupes les plus attardés, que sont trois ou quatre mille ans ?...

Voici cette légende :

« Au temps ou l'austère Visvâmitra, chantre et prophète d'Indra, retiré sous les ombreuses solitudes de la forêt Pouchkara, livrait son âme à la méditation et son corps aux macérations les plus acerbes, le saint roi Harischandra, de la race divine d'Ichvakou, obtint de la faveur des dieux, et après de longues instances, un fils qui reçut le nom de Rohita.

« Quand ce fils unique fut en âge de revêtir le costume des guerriers, Varouna (l'Ouranos des Pélasges), demanda à Harischandra de le lui offrir en sacrifice solennel, comme une victime de choix, marquée de signes favorables.

« Harischandra, après avoir hésité longtemps, s'adressa à Rohita et lui dit : « Mon enfant, Va-

« rouna vous a donné à moi ; maintenant il exige « que je vous sacrifie à lui : soumettez-vous à sa « volonté. — Non ! » dit le jeune homme ; et, prenant son arc et ses flèches, il gagna la forêt, où il vécut en sûreté.

« Et Varouna étendit la main sur Harischandra, et l'accabla de maladies et d'infirmités. Rohita, l'ayant appris, voulut à plusieurs reprises sortir de son asile et retourner au village paternel (*grâma*) pour y subir son destin ; mais, à chacune de ses tentatives, le dieu Indra, sous une forme ou sous une autre, lui barra le chemin et le repoussa dans la forêt.

« Là enfin, il rencontra un jour un Richi (saint anachorète) : Ajigarta, fils de Souyavasâ, et père de trois fils.

« Le prince lui dit : « Richi, je t'offre cent têtes « de bétail pour un de tes fils, dont la vie rachè« tera la mienne. »

« Le père embrassa son fils aîné, en disant : « Ce ne sera pas celui-ci. »

« Ni celui-ci ! » s'écria la mère, en embrassant le plus jeune.

« Mais père et mère consentirent à céder Çunacépha, leur fils puîné.

« Rohita donna le bétail promis, sortit de la forêt avec son captif, qu'il amena devant le rajah, disant : « Père, voici ma rançon : celui-ci mourra « pour moi. »

« Le rajah envoya consulter l'oracle de Varouna sur l'échange proposé. L'oracle y acquiesça volontiers en faisant remarquer qu'un brahmane était une offrande plus précieuse qu'un kchattriya. En conséquence, le rajah ordonna que Çunacépha serait sacrifié le jour même, à l'heure où le soma est offert aux dieux.....

« Quand la victime eut été amenée, il ne se trouva personne pour la lier au poteau du sacrifice. Alors Ajigarta, père de Çunacépha, dit : « Je « ferai cette besogne, moyennant une centaine « d'autres têtes de bétail. »

« Le marché fut accepté; et le père lia son fils. Mais quand celui-ci, chargé d'entraves, eut été fixé au poteau, après avoir tourné trois fois autour du feu sacré, au bruit des hymnes *Aprîs*, il ne se trouva personne pour le tuer.

« Alors Ajigarta, père de Çunacépha, dit de nouveau : « Pour cent autres têtes de bétail, je « me charge de le tuer. » — On lui donna ce qu'il demandait, et il se mit à aiguiser son poignard.

« Alors aussi Çunacépha pensa en lui-même : « C'en est fait! ils vont m'égorger comme si je « n'étais pas un homme ! O mort ! attends : je vais « prier les dieux. »

« Et célébrant alors Indra — dans les termes mêmes que Visvâmitra, prêtre et prophète de ce dieu, lui avait enseignés, — il invoqua son appui comme celui du plus grand, du plus puissant, du plus fort, du plus compatissant des immortels.

« Et, à chaque vers de son incantation, il sentait ses liens se desserrer; et quand il eut achevé l'hymne puissant, ses membres étaient libres d'entraves, et le poteau fatal renversé. »

Il existe, de cette antique légende, plusieurs versions[1], chacune marquée du cachet particulier d'un cycle différent de la littérature sanskrite et de la religion brahmanique. Nous avons suivi le texte le plus ancien. Le rôle du réformateur Visvâmitra, plus clairement défini ou développé dans les documents postérieurs, est à peine indiqué dans celui-ci; mais tous mettent hors de doute ce fait monstreux, qu'à l'époque si vantée où la civilisation ariane s'établit dans l'Inde, les habitudes des plus hautes classes de cette race étaient telles que, non-seulement un prince, un homme de guerre pouvait, comme chose usuelle, proposer à un brahmane de lui acheter son fils, mais qu'un père de cette caste sacrée pouvait impunément

[1] Dans la plupart d'entre elles, c'est *le feu du ciel* qui, au dénoûment, rompt les liens, renverse le poteau et délivre Çunacépha.

La Légende de Çunacépha.

s'offrir comme tourmenteur et bourreau du fils qu'il avait troqué contre un troupeau de bétail.

La réforme qui, dans les grands centres, frappa dans ses principes et atténua dans ses conséquences l'ordre de choses dont nous venons d'esquisser le sombre tableau, ayant ouvert le troisième âge et avec lui la série des siècles historiques, nous devons nous borner ici à constater ses résultats généraux.

Dans l'Inde, elle fit descendre les rajahs et la caste des guerriers sous la dépendance des brahmes. En Bactriane, elle creusa entre le bien et le mal un sillon si profond que nulle intelligence ne put en ignorer. A Méroé, par la voix des prêtres, et plus tard en Chine, par celle des philosophes, elle proclama la légitimité du régicide, comme contre-poids aux abus du pouvoir absolu. Chez les Celtes, elle éleva, au-dessus des pouvoirs anarchiques des chefs de clans, l'autorité régulatrice du sacerdoce druidique. Partout, elle subalternisa la force brutale à l'idée, la matière à l'esprit ; elle plaça en regard de l'inégalité sociale une inégalité inverse de devoirs, et fit à chaque degré de la hiérarchie une part de droits pour cette vie et d'espérances pour l'autre.

Les hommes qu'elle anima de son souffle, et qui le firent passer dans les lois des nations, ont été soumis aux appréciations les plus contradictoires. Suivant les temps, les lieux, les préjugés du moment, l'historien a vu en eux des fourbes adroits, de bienfaisants imposteurs, ou des révélateurs de la parole divine. Au point de vue du vrai et du juste, ils ont été tout simplement, sous des titres divers, avec des aptitudes et une puissance inégales, des ouvriers dévoués d'une œuvre commune, dont chacun d'eux n'a guère connu que la tâche qu'il a remplie, et dont la grande génération qui nous a précédés a pu la première embrasser le merveilleux ensemble et formuler le nom : *le progrès*.

Habituons-nous donc, lorsque, remontant la filiation continue d'hommes et de faits qui rattache l'époque actuelle aux premiers jours de notre race, nous venons à rencontrer de station en station, échelonnées sur notre voie, les grandes ombres des sages de la Chine, des druides de la Gaule, des mages de la Transoxiane, des prophètes de Méroé, de Thèbes ou de Sion, et celles des saints richis du Brahmavarta, habituons-nous à nous incliner devant elles et à honorer leur mémoire, comme celle d'intermédiaires nécessaires, placés par la Providence entre les patriarches de l'Asie primitive et les apôtres de cet Évangile d'où procède le monde moderne.

Il y a là, tout à la fois, un grand spectacle et un puissant enseignement, dont aux heures de défaillance et d'angoisse que leur imposent d'inévitables transformations sociales les hommes de nos jours doivent religieusement garder le souvenir. Quand, sur les ruines confuses des devoirs et des droits, l'égoïsme aveugle précipite les citoyens dans un antagonisme universel et la patrie hors de ses voies traditionnelles ; lorsque toute flamme vacille, que tout autel croule, que le doute, la nuit et le vide se font autour des intelligences, ce n'est pas un stimulant à dédaigner, ce n'est pas un faible motif d'espoir et de courage qu'une certitude comme celle-ci :

A aucune époque de son existence, même lorsqu'elle s'ignorait elle-même et qu'aucun de ses groupes épars ne voyait au delà de son horizon borné, l'humanité n'a manqué de guides et d'éclaireurs sur la route de l'avenir, et jamais elle n'a porté dans ses flancs de génération si déshéritée que la voix de Dieu n'ait pu y susciter un contingent de lumière et de dévouement.

TABLE DES GRAVURES

PREMIÈRE PARTIE

DEUXIÈME PARTIE

TABLE DES MATIÈRES

PARIS. — TYPOGRAPHIE LAHURE
Rue de Fleurus, 9

CONDITIONS DE VENTE ET D'ABONNEMENT

LE JOURNAL DE LA JEUNESSE paraît le samedi de chaque semaine. Le prix du numéro, comprenant 16 pages grand in-8°, est de **40** centimes.

Les 52 numéros publiés dans une année forment deux volumes.

Prix de chaque volume, broché, **10** francs; cartonné en percaline rouge, tranches dorées, **13** francs.

Pour les abonnés, le prix de chaque volume du *Journal de la Jeunesse* est réduit à **5** francs broché.

PRIX DE L'ABONNEMENT

POUR PARIS ET LES DÉPARTEMENTS

Un an (2 volumes)................ **20** francs
Six mois (1 volume).............. **10** —

Prix de l'abonnement pour les pays étrangers qui font partie de l'Union générale des postes : Un an, **22** fr.; six mois, **11** fr.

Les abonnements se prennent à partir du 1er décembre et du 1er juin de chaque année.

MON JOURNAL

NEUVIÈME ANNÉE

NOUVEAU RECUEIL MENSUEL ILLUSTRÉ

POUR LES ENFANTS DE 5 A 10 ANS

PUBLIÉ SOUS LA DIRECTION DE

Mme Pauline KERGOMARD et de M. Charles DEFODON

CONDITIONS DE VENTE ET D'ABONNEMENT :

Il paraît un numéro le 15 de chaque mois depuis le 15 octobre 1881.

Prix de l'abonnement : Un an 1 fr. 80; prix du numéro, 15 centimes.

Les neuf premières années de ce nouveau recueil forment neuf beaux volumes grand in-8°, illustrés de nombreuses gravures. La première année est épuisée ; la dixième est en cours de publication.

Prix de l'année, brochée, 2 fr. ; cartonnée en percaline avec fers spéciaux à froid, 2 fr. 50.

Prix de l'emboîtage en percaline, pour les abonnés ou les acheteurs au numéro, 50 centimes.

NOUVELLE COLLECTION ILLUSTRÉE

POUR LA JEUNESSE ET L'ENFANCE

1re SÉRIE, FORMAT IN-8° JÉSUS

Prix du volume : broché, 7 fr.; cartonné, tranches dorées, 10 fr.

About (Ed.) : *Le roman d'un brave homme.* 1 vol. illustré de 52 compositions par Adrien Marie.

— *L'homme à l'oreille cassée.* 1 vol. illustré de 61 compositions par Eug. Courboin.

Cahun (L.) : *Les aventures du capitaine Magon.* 1 vol. illustré de 72 gravures d'après Philippoteaux.

— *La bannière bleue.* 1 vol. illustré de 73 gravures d'après Lix.

Deslys (Charles) : *L'héritage de Charlemagne.* 1 vol. illustré de 129 gravures d'après Zier.

Dillaye (Fr.) : *Les jeux de la jeunesse,* 1 vol. illustré de 203 grav.

Du Camp (Maxime) : *La vertu en France.* 1 vol. illustré de 45 grav. d'après Duez, Myrbach, Tofani et E. Zier.

Fleuriot (Mlle Z.) : *Cœur muet.* 1 vol. ill. de grav. d'après Adrien Marie.

Guillemin (Amédée) : *La Pesanteur et la Gravitation universelle.* — *Le Son.* 1 vol. contenant 3 planches en couleurs, 23 planches en noir et 445 figures dans le texte.

— *La Lumière.* 1 vol. contenant 13 planches en couleurs, 14 planches en noir et 353 figures dans le texte.

Guillemin (Amédée) (suite) : *Le Magnétisme et l'Electricité.* 1 vol. contenant 5 planches en couleurs, 15 planches en noir et 577 figures dans le texte.

— *La Chaleur.* 1 vol. contenant 1 planche en couleurs, 8 planches en noir et 324 gravures dans le texte.

— *La Météorologie et la Physique moléculaire.* 1 vol. contenant 9 planches en couleurs, 20 planches en noir et 343 gravures dans le texte.

La Ville de Mirmont (H. de) : *Contes Mythologiques.* 1 vol. illustré de 51 gravures.

Manzoni : *Les fiancés.* Édition abrégée par Mme J. Colomb. 1 vol. illustré de 40 gravures.

Mouton (Eug.) : *Vie et Aventures du Capitaine Marius Cougourdan.* 1 vol. illustré de 66 gravures d'après E. Zier.

Rousselet (Louis) : *Nos grandes écoles militaires et civiles.* 1 vol. illustré de gravures d'après A. Le Maistre, Fr. Régamey et P. Renouard.

Witt (Mme de), née Guizot : *Les femmes dans l'histoire.* 1 vol. illustré de 80 gravures.

2e SÉRIE, FORMAT IN-8° RAISIN

Prix du volume : broché, 4 fr.; cartonné, tranches dorées, 6 fr.

Anonyme (l'auteur de la Neuvaine de Colette) : *Tout droit.* 1 vol. illustré de 112 grav. d'après E. Zier.

Assollant (A.) : *Montluc le Rouge.* 2 vol. avec 107 grav. d'après Sahib.

— *Pendragon.* 1 vol. avec 42 gravures d'après C. Gilbert.

Blandy (Mme S.) : *Rouzétou.* 1 vol. illustré de 112 gravures d'après E. Zier.

— *La part du Cadet.* 1 vol. illustré de 112 gravures d'après Zier.

Cahun (L.) : *Les mercenaires.* 1 vol. avec 54 gravures d'après P. Fritel.

Chéron de la Bruyère (Mme) : *La tante Derbier.* 1 vol. illustré de 50 gravures d'après Myrbach.

— *Princesse Rosalba.* 1 vol. illustré de 60 gravures d'après Tofani.

Colomb (Mme) : *Le violoneux de la sapinière.* 1 vol. avec 85 gravures d'après A. Marie.

— *La fille de Carilès.* 1 vol. avec 96 grav. d'après A. Marie.

Ouvrage couronné par l'Académie française.

— *Deux mères.* 1 vol. avec 133 gravures d'après A. Marie.

Colomb (Mme) (suite) : *Le bonheur de Françoise*. 1 vol. avec 112 grav. d'après A. Marie.
— *Chloris et Jeanneton*. 1 vol. avec 105 gravures d'après Sahib.
— *L'héritière de Vauclain*. 1 vol. avec 104 grav. d'après C. Delort.
— *Franchise*. 1 vol. avec 113 gravures d'après C. Delort.
— *Feu de paille*. 1 vol. avec 98 grav. d'après Tofani.
— *Les étapes de Madeleine*. 1 vol. avec 105 grav. d'après Tofani.
— *Denis le tyran*. 1 vol. avec 115 gravures d'après Tofani.
— *Pour la muse*. 1 vol. avec 105 gravures d'après Tofani.
— *Pour la patrie*. 1 vol. avec 112 gravures d'après E. Zier.
— *Hervé Plémeur*. 1 vol. avec 112 gravures d'après E. Zier.
— *Jean l'innocent*. 1 vol. illustré de 112 gravures d'après Zier.
— *Danielle*. 1 vol. illustré de 112 gravures d'après Tofani.
— *Les révoltes de Sylvie*. 1 vol. avec 112 gravures d'après Tofani.
— *Mon oncle d'Amérique*. 1 vol. illustré de 112 grav. d'après TOFANI.
— *La Fille des Bohémiens*. 1 vol. illustré de 12 gravures d'après S. Reichan.

Cortambert (E.) : *Voyage pittoresque à travers le monde*. 1 vol. avec 81 gravures.

Cortambert et **Deslys** : *Le pays du soleil*. 1 vol. avec 35 gravures.

Daudet (E.) : *Robert Darnetal*. 1 vol. avec 81 grav. d'après Sahib.

Demoulin (Mme G.) : *Les animaux étranges*. 1 vol. avec 172 gravures.

Deslys (CH.) : *Courage et dévouement*. Histoire de trois jeunes filles. 1 vol. avec 31 gravures d'après Lix et Gilbert.
— *L'Ami François*. 1 vol. avec 35 gr.
— *Nos Alpes*, avec 39 gravures d'après J. David.
— *La mère aux chats*. 1 vol. avec 50 gravures d'après H. David.

Dillaye (Fr.) : *La filleule de saint Louis*. 1 vol. avec 39 grav. d'après E. Zier.

Énault (L.) : *Le chien du capitaine*. 1 vol. avec 43 gravures d'après E. Riou.

Erwin (Mme E. d') : *Heur et malheur*. 1 vol. avec 50 gravures d'après H. Castelli.

Fath (G.) : *Le Paris des enfants*. 1 vol. avec 60 gravures d'après l'auteur.

Fleuriot (Mlle Z.) : *M. Nostradamus*. 1 vol. avec 36 gravures d'après A. Marie.
— *La petite duchesse*. 1 vol. avec 73 gravures d'après A. Marie.
— *Grandcœur*. 1 vol. avec 45 gravures d'après C. Delort.
— *Raoul Daubry*, chef de famille. 1 vol. avec 32 gravures d'après C. Delort.
— *Mandarine*. 1 vol avec 95 gravures d'après C. Delort.
— *Cadok*. 1 vol. avec 24 gravures d'après C. Gilbert.
— *Câline*. 1 vol. avec 102 grav. d'après G. Fraipont.
— *Feu et flamme*. 1 vol. avec 80 gravures d'après Tofani.
— *Le clan des têtes chaudes*. 1 vol. illustré de 65 gravures d'après Myrbach.
— *Au Galadoc*. 1 vol. illustré de 60 gravures d'après Zier.
— *Les premières pages*. 1 vol. avec 75 gravures d'après Adrien Marie.
— *Rayon de soleil*. 1 vol. illustré de 10 gravures d'après Mencina Kreszs.

Girardin (J.) : *Les braves gens*. 1 vol. avec 115 gravures d'après E. Bayard.
Ouvrage couronné par l'Académie française.
— *Nous autres*. 1 vol. avec 182 gravures d'après E. Bayard.
— *Fausse route*. 1 vol. avec 55 grav. d'après H. Castelli.
— *La toute petite*. 1 vol. avec 128 gravures d'après E. Bayard.
— *L'oncle Placide*. 1 vol. avec 139 gravures d'après A. Marie.
— *Le neveu de l'oncle Placide*. 3 vol. illustrés de 307 gravures d'après A. Marie, qui se vendent séparément.

Girardin (J.) (suite) : *Grand-père* 1 vol. avec 91 gravures d'après C. Delort.

Ouvrage couronné par l'Académie française.

— *Maman.* 1 vol. avec 112 gravures d'après Tofani.

— *Le roman d'un cancre.* 1 vol. avec 119 gravures d'après Tofani.

— *Les millions de la tante Zézé.* 1 vol. avec 112 grav. d'après Tofani.

— *La famille Gaudry.* 1 vol. avec 112 gravures d'après Tofani.

— *Histoire d'un Berrichon.* 1 vol. avec 112 gravures d'après Tofani.

— *Le capitaine Bassinoire.* 1 vol. illustré de 119 gravures d'après Tofani.

— *Second violon.* 1 vol. illustré de 112 gravures d'après Tofani.

— *Le fils Valansé.* 1 vol. avec 112 gravures d'après Tofani.

— *Le commis de M. Bouvat.* 1 vol. illustré de 119 gr. d'après TOFANI.

Giron (AIMÉ) : *Les trois rois mages.* 1 vol. illustré de 60 gravures d'après Fraipont et Pranishnikoff.

Gouraud (Mlle J.) : *Cousine Marie.* 1 vol. avec 36 gravures d'après A. Marie.

Nanteuil (Mme P. de) : *Capitaine.* 1 vol. illustré de 72 gravures d'après Myrbach.

Ouvrage couronné par l'Académie française.

— *Le général Du Maine.* 1 vol. avec 70 gravures d'après Myrbach.

— *L'épave mystérieuse.* 1 volume illustré de 80 gr. d'après MYRBACH.

— *En esclavage.* 1 vol. illustré de 80 gravures d'après Myrbach.

Rousselet (L.) : *Le charmeur de serpents.* 1 vol. avec 68 gravures d'après A. Marie.

— *Le fils du connétable.* 1 vol. avec 113 gravures d'après Pranishnikoff.

Rousselet (L.) (suite) : *Les deux mousses.* 1 vol. avec 90 gravures d'après Sahib.

— *Le tambour du Royal-Auvergne.* 1 vol. avec 115 gravures d'après Poirson.

— *La peau du tigre.* 1 vol. avec 102 gravures d'après Bellecroix et Tofani.

Saintine : *La nature et ses trois règnes*, ou la mère Gigogne et ses trois filles. 1 vol. avec 171 gravures d'après Foulquier et Faguet.

— *La mythologie du Rhin et les contes de la mère-grand.* 1 vol. avec 160 gravures d'après G. Doré.

Tissot et **Améro** : *Aventures de trois fugitifs en Sibérie.* 1 vol. avec 72 gravures d'après Pranishnikoff.

Witt (Mme de), née Guizot : *Scènes historiques.* 1re série. 1 vol. avec 18 gravures d'après E. Bayard.

— *Scènes historiques.* 2e série. 1 vol. avec 28 gravures d'après A. Marie.

— *Lutin et démon.* 1 vol. avec 36 gravures d'après Pranishnikoff et E. Zier.

— *Normands et Normandes.* 1 vol. avec 70 gravures d'après E. Zier.

— *Un jardin suspendu.* 1 vol. avec 39 gravures d'après C. Gilbert.

— *Notre-Dame Guesclin.* 1 vol. avec 70 gravures d'après E. Zier.

— *Une sœur.* 1 vol. avec 65 gravures d'après E. Bayard.

— *Légendes et récits pour la jeunesse.* 1 vol. avec 18 gravures d'après Philippoteaux.

— *Un nid.* 1 vol. avec 63 gravures d'après Ferdinandus.

— *Un patriote au quatorzième siècle.* 1 vol. illustré de gravures d'après E. Zier.

BIBLIOTHÈQUE DES PETITS ENFANTS
DE 4 A 8 ANS

FORMAT GRAND IN-16

CHAQUE VOLUME, BROCHÉ, 2 FR. 25

CARTONNÉ EN PERCALINE BLEUE, TRANCHES DORÉES, 3 FR. 50

Ces volumes sont imprimés en gros caractères.

Chéron de la Bruyère (Mme) : *Contes à Pépée*. 1 vol. avec 24 gravures d'après Grivaz.
— *Plaisirs et aventures*. 1 vol. avec 30 gravures d'après Jeanniot.
— *La perruque du grand-père*. 1 vol. illustré de 30 gr. d'après Tofani.
— *Les enfants de Boisfleuri*. 1 vol. illustré de 30 gravures d'après Semechini.
— *Les vacances à Trouville*. 1 vol. avec 40 gravures d'après Tofani.
— *Le château du Roc-Salé*. 1 vol. illustré de 30 gr. d'après Tofani.
Colomb (Mme) : *Les infortunes de Chouchou*. 1 vol. avec 48 gravures d'après Riou.
Desgranges (Guillemette) : *Le chemin du collège*. 1 vol. illustré de 30 gravures d'après Tofani.
— *La famille Le Jarriel*. 1 vol. illustré de 36 gr. d'après Geoffroy.
Duporteau (Mme) : *Petits récits*. 1 vol. avec 28 gr. d'après Tofani.
Erwin (Mme E. d') : *Un été à la campagne*. 1 vol. avec 39 gravures d'après Sahib.
Favre : *L'épreuve de Georges*. 1 vol. avec 44 gravures d'après Geoffroy.
Franck (Mme E.) : *Causeries d'une grand'mère*. 1 vol. avec 72 gravures d'après C. Delort.
Fresneau (Mme), née de Ségur : *Une année du petit Joseph*. Imité de l'anglais. 1 vol. avec 67 gravures d'après Jeanniot.
Girardin (J.) : *Quand j'étais petit garçon*. 1 vol. avec 52 gravures d'après Ferdinandus.
— *Dans notre classe*. 1 vol. avec 26 gravures d'après Jeanniot.
— *Un drôle de Bonhomme*. 1 vol. illustré de 36 grav. d'après Geoffroy.
Le Roy (Mme F.) : *L'aventure de Petit Paul*. 1 vol. illustré de 45 gravures, d'après Ferdinandus.
Le Roy (Mme F.) : *Pipo*. 1 vol. illustré de 36 grav. d'après Mencina Kresz.
Molesworth (Mrs) : *Les aventures de M. Baby*, traduit de l'anglais par Mme de Witt. 1 vol. avec 12 gravures d'après W. Crane.
Pape-Carpantier (Mme) : *Nouvelles histoires et leçons de choses*. 1 vol. avec 42 grav. d'après Semechini.
Surville (André) : *Les grandes vacances*. 1 vol. avec 30 gravures d'après Semechini.
— *Les amis de Berthe*. 1 vol. avec 30 gravures d'après Ferdinandus.
— *La petite Givonnette*. 1 vol. illustré de 34 gravures d'après Grigny.
— *Fleur des champs*. 1 vol. illustré de 32 gravures d'après Zier.
— *La vieille maison du grand père*. 1 vol. avec 34 gravures d'après Zier.
— *La fête de Saint-Maurice*. 1 vol. illustré de 34 grav. d'après Tofani.
Witt (Mme de), née Guizot : *Histoire de deux petits frères*. 1 vol. avec 45 grav. d'après Tofani.
— *Sur la plage*. 1 vol. avec 55 gravures d'après Ferdinandus.
— *Par monts et par vaux*. 1 vol. avec 54 grav. d'après Ferdinandus.
— *Vieux amis*. 1 vol. avec 60 gravures d'après Ferdinandus.
— *En pleins champs*. 1 vol. avec 45 gravures d'après Gilbert.
— *Petite*. 1 vol. avec 56 gravures d'après Tofani.
— *A la montagne*. 1 vol. illustré de 5 gravures d'après Ferdinandus.
— *Deux tout petits*. 1 vol. illustré de 32 gravures d'après Ferdinandus.
— *Au-dessus du lac*. 1 vol. avec 44 grav.
— *Les enfants de la tour du Roc*. 1 vol. illustré de 56 gravures d'après E. Zier.
— *La petite maison dans la forêt*. 1 vol. illustré de 36 grav. d'après Robaudi.

BIBLIOTHÈQUE ROSE ILLUSTRÉE

FORMAT IN-16

CHAQUE VOLUME, BROCHÉ, 2 FR. 25

CARTONNÉ EN PERCALINE ROUGE, TRANCHES DORÉES, 3 FR. 50

Ire SÉRIE, POUR LES ENFANTS DE 4 A 8 ANS

Anonyme : *Chien et chat*, traduit de l'anglais. 1 vol. avec 45 gravures d'après É. Bayard.

— *Douze histoires pour les enfants de quatre à huit ans*, par une mère de famille. 1 vol. avec 8 gravures d'après Bertall.

— *Les enfants d'aujourd'hui*, par le même auteur. 1 vol. avec 40 gravures d'après Bertall.

Carraud (Mme) : *Historiettes véritables*, pour les enfants de quatre à huit ans. 1 vol. avec 94 gravures d'après G. Fath.

Fath (G.) : *La sagesse des enfants*, proverbes. 1 vol. avec 100 gravures d'après l'auteur.

Laroque (Mme) : *Grands et petits*. 1 vol. avec 61 gravures d'après Bertall.

Marcel (Mme J.) : *Histoire d'un cheval de bois*. 1 vol. avec 20 gravures d'après E. Bayard.

Pape-Carpantier (Mme) : *Histoire et leçons de choses pour les enfants*. 1 vol. avec 85 gravures d'après Bertall.

Ouvrage couronné par l'Académie française.

Perrault, MMmes d'Aulnoy et Leprince de Beaumont : *Contes de fées*. 1 vol. avec 65 gravures d'après Bertall et Forest.

Porchat (J.) : *Contes merveilleux*. 1 vol. avec 21 gravures d'après Bertall.

Schmid (le chanoine) : *190 contes pour les enfants*, traduit de l'allemand par André Van Hasselt. 1 vol. avec 29 gravures d'après Bertall.

Ségur (Mme la comtesse de) : *Nouveaux contes de fées*. 1 vol. avec 46 gravures d'après Gustave Doré et H. Didier.

IIe SÉRIE, POUR LES ENFANTS DE 8 A 14 ANS

Achard (A.) : *Histoire de mes amis*. 1 vol. avec 25 gravures d'après Bellecroix.

Alcott (Miss) : *Sous les lilas*, traduit de l'anglais par Mme S. Lepage. 1 vol. avec 23 gravures.

Andersen : *Contes choisis*, traduit du danois par Soldi. 1 vol. avec 40 gravures d'après Bertall.

Anonyme : *Les fêtes d'enfants*, scènes et dialogues. 1 vol. avec 41 gravures d'après Foulquier.

Assollant (A.). *Les aventures merveilleuses mais authentiques du capitaine Corcoran.* 2 vol. avec 50 gravures, d'après A. de Neuville.

Barrau (Th.) : *Amour filial.* 1 vol. avec 41 gravures d'après Ferogio.

Bawr (Mme de) : *Nouveaux contes.* 1 vol. avec 40 grav. d'après Bertall. Ouvrage couronné par l'Académie française.

Beleze : *Jeux des adolescents.* 1 vol. avec 140 gravures.

Berquin : *Choix de petits drames et de contes.* 1 vol. avec 36 gravures d'après Foulquier, etc.

Berthet (E.) : *L'enfant des bois.* 1 vol. avec 61 gravures.

— *La petite Chailloux.* 1 vol. illustré de 41 gravures d'après É. Bayard et G. Fraipont.

Blanchère (De la) : *Les aventures de la Ramée.* 1 vol. avec 36 gravures d'après E. Forest.

— *Oncle Tobie le pêcheur.* 1 vol. avec 80 gr. d'après Foulquier et Mesnel.

Boiteau (P.) : *Légendes* recueillies ou composées pour les enfants. 1 vol. avec 42 gravures d'après Bertall.

Carpentier (Mlle E.) : *La maison du bon Dieu.* 1 vol. avec 58 gravures d'après Riou.

— *Sauvons-le !* 1 vol. avec 60 gravures d'après Riou.

— *Le secret du docteur,* ou la maison fermée. 1 vol. avec 43 gravures d'après P. Girardet.

— *La tour du preux.* 1 vol. avec 59 gravures d'après Tofani.

— *Pierre le Tors.* 1 vol. avec 64 gravures d'après Zier.

— *La dame bleue.* 1 vol. illustré de 49 gravures d'après E. Zier.

Carraud (Mme Z.) : *La petite Jeanne,* ou le devoir. 1 vol. avec 21 gravures d'après Forest. Ouvrage couronné par l'Académie française.

Carraud (Mme Z.) (suite) : *Les goûters de la grand'mère.* 1 vol. avec 18 gravures d'après E. Bayard.

— *Les métamorphoses d'une goutte d'eau.* 1 vol. avec 50 gravures d'après É. Bayard.

Castillon (A.) : *Les récréations physiques.* 1 vol. avec 36 gravures d'après Castelli.

— *Les récréations chimiques,* faisant suite au précédent. 1 vol. avec 34 gravures d'après H. Castelli.

Cazin (Mme J.) : *Les petits montagnards.* 1 vol. avec 51 gravures d'après G. Vuillier.

— *Un drame dans la montagne.* 1 vol. avec 33 grav. d'après G. Vuillier.

— *Histoire d'un pauvre petit.* 1 vol. avec 40 gravures d'après Tofani.

— *L'enfant des Alpes.* 1 vol. avec 33 gravures d'après Tofani.

— *Perlette.* 1 vol. illustré de 54 gravures d'après Myrbach.

— *Les saltimbanques.* 1 vol. avec 66 gravures d'après Girardet.

— *Le petit chevrier.* 1 vol. illustré de 39 gravures d'après Vuillier.

— *Jean le Savoyard.* 1 vol. illustré de 51 gravures d'après Slom.

Chabreul (Mme de) : *Jeux et exercices des jeunes filles.* 1 vol. avec 62 gravures d'après Fath, et la musique des rondes.

Colet (Mme L.) : *Enfances célèbres.* 1 vol. avec 57 grav. d'après Foulquier.

Colomb (Mme J.) : *Souffre-douleur.* 1 vol. illustré de 49 gravures d'après Mlle Marcelle Lancelot.

Contes anglais, traduits par Mme de Witt. 1 vol. avec 43 gravures d'après Morin.

Deslys (Ch.) : *Grand'maman.* 1 vol. avec 29 gravures d'après E. Zier.

Edgeworth (Miss) : *Contes de l'adolescence,* traduit par A. Le François. 1 vol. avec 42 gravures d'après Morin.

Edgeworth (Miss) (suite) : *Contes de l'enfance*, traduit par le même. 1 vol. avec 26 gravures d'après Foulquier.

— *Demain*, suivi de *Mourad le malheureux*, contes traduits par H. Jousselin. 1 vol. avec 55 grav. d'après Bertall.

Fath (G.) : *Bernard, la gloire de son village*. 1 vol. avec 56 gravures d'après Mme G. Fath.

Fénelon : *Fables*. 1 vol. avec 29 grav. d'après Forest et É. Bayard.

Fleuriot (Mlle) : *Le petit chef de famille*. 1 vol. avec 57 gravures d'après H. Castelli.

— *Plus tard*, ou le jeune chef de famille. 1 vol. avec 60 gravures d'après É. Bayard.

— *L'enfant gâté*. 1 vol. avec 48 gravures d'après Ferdinandus.

— *Tranquille et Tourbillon*. 1 vol. avec 45 grav. d'après C. Delort.

— *Cadette*. 1 vol. avec 52 gravures d'après Tofani.

— *En congé*. 1 vol. avec 61 gravures d'après Ad. Marie.

— *Bigarette*. 1 vol. avec 48 gravures d'après Ad. Marie.

— *Bouche-en-Cœur*. 1 vol. avec 45 gravures d'après Tofani.

— *Gildas l'intraitable*, 1 vol. avec 56 gravures d'après E. Zier.

— *Parisiens et Montagnards*. 1 vol. avec 49 gravures d'après E. Zier.

Foë (de) : *La vie et les aventures de Robinson Crusoé*, traduit de l'anglais. 1 vol. avec 40 gravures.

Fonvielle (W. de) : *Néridah*. 2 vol. avec 45 gravures d'après Sahib.

Fresneau (Mme), née de Ségur : *Comme les grands!* 1 vol. illustré de 46 gravures d'après Ed. Zier.

— *Thérèse à Saint-Domingue*. 1 vol. avec 49 gravures d'après Tofani.

— *Les protégés d'Isabelle*. 1 vol. illustré de 42 gravures d'après Tofani.

Genlis (Mme de) : *Contes moraux*. 1 v. avec 40 grav. d'après Foulquier, etc.

Gérard (A.) : *Petite Rose. — Grande Jeanne*. 1 vol. avec 28 gravures d'après Gilbert.

Girardin (J.) : *La disparition du grand Krause*. 1 vol. avec 70 gravures d'après Kauffmann.

Giron (A.) : *Ces pauvres petits*. 1 vol. avec 22 grav. d'après B. Nouvel.

Gouraud (Mlle J.) : *Les enfants de la ferme*. 1 vol. avec 59 grav. d'après É. Bayard.

— *Le livre de maman*. 1 vol. avec 68 grav. d'après É. Bayard.

— *Cécile, ou la petite sœur*. 1 vol. avec 26 grav. d'après Desandré.

— *Lettres de deux poupées*. 1 vol. avec 59 gravures d'après Olivier.

— *Le petit colporteur*. 1 vol. avec 27 grav. d'après A. de Neuville.

— *Les mémoires d'un petit garçon*. 1 vol. avec 86 gravures d'après É. Bayard.

— *Les mémoires d'un caniche*. 1 vol. avec 75 gravures d'après É. Bayard.

— *L'enfant du guide*. 1 vol. avec 60 gravures d'après É. Bayard.

— *Petite et grande*. 1 vol. avec 48 gravures d'après É. Bayard.

— *Les quatre pièces d'or*. 1 vol. avec 54 gravures d'après É. Bayard.

— *Les deux enfants de Saint-Domingue*. 1 vol. avec 54 gravures d'après É. Bayard.

— *La petite maîtresse de maison*. 1 vol. avec 37 grav. d'après Marie.

— *Les filles du professeur*. 1 vol. avec 36 grav. d'après Kauffmann.

— *La famille Harel*. 1 vol. avec 44 gravures d'après Valnay.

— *Aller et retour*. 1 vol. avec 40 gravures d'après Ferdinandus.

— *Les petits voisins*. 1 vol. avec 39 gravures d'après C. Gilbert.

Gouraud (Mlle J.) (suite) : *Chez grand'mère.* 1 vol. avec 98 grav. d'après Tofani.

— *Le petit bonhomme.* 1 vol. avec 45 grav. d'après A. Ferdinandus.

— *Le vieux château.* 1 vol. avec 28 gravures d'après E. Zier.

— *Pierrot.* 1 vol. avec 31 gravures d'après E. Zier.

— *Minette.* 1 vol. illustré de 52 gravures d'après TOFANI.

— *Quand je serai grande!* 1 vol. avec 60 gravures d'après Ferdinandus.

Grimm (les frères) : *Contes choisis,* traduit par Ferd. Baudry. 1 vol. avec 40 gravures d'après Bertall.

Hauff : *La caravane,* traduit par A. Talon. 1 vol. avec 40 gravures d'après Bertall.

— *L'auberge du Spessart,* traduit par A. Talon. 1 vol. avec 61 gravures d'après Bertall.

Hawthorne : *Le livre des merveilles,* traduit de l'anglais par L. Rabillon. 2 vol. avec 40 gravures d'après Bertall.

Hébel et **Karl Simrock** : *Contes allemands,* traduit par M. Martin. 1 vol. avec 27 grav. d'après Bertall.

Johnson (R. B.) : *Dans l'extrême Far West,* traduit de l'anglais par A. Talandier. 1 vol. avec 20 gravures d'après A. Marie.

Marcel (Mme J.) : *L'école buissonnière.* 1 vol. avec 20 gravures d'après A. Marie.

— *Le bon frère.* 1 vol. avec 21 gravures d'après É. Bayard.

— *Les petits vagabonds.* 1 vol. avec 25 gravures d'après É. Bayard.

— *Histoire d'une grand'mère et de son petit-fils.* 1 vol. avec 36 gravures d'après C. Delort.

— *Daniel.* 1 vol. avec 45 gravures d'après Gilbert.

Marcel (Mme J.) (suite) : *Le frère et la sœur.* 1 vol. avec 45 gravures d'après E. Zier.

— *Un bon gros pataud.* 1 vol. avec 45 gravures d'après Jeanniot.

— *L'oncle Philibert.* 1 vol. illustré de 56 grav. d'après Fr. Régamey.

Maréchal (Mlle M.) : *La dette de Ben-Aïssa.* 1 vol. avec 20 gravures d'après Bertall.

— *Nos petits camarades.* 1 vol. avec 18 gravures d'après E. Bayard et H. Castelli, etc.

— *La maison modèle.* 1 vol. avec 42 gravures d'après Sahib.

Marmier (X.) : *L'arbre de Noël.* 1 vol. avec 68 grav. d'après Bertall.

Martignat (Mlle de) : *Les vacances d'Élisabeth.* 1 vol. avec 36 gravures d'après Kauffmann.

— *L'oncle Boni.* 1 vol. avec 42 gravures d'après Gilbert.

— *Ginette.* 1 vol. avec 50 gravures d'après Tofani.

— *Le manoir d'Yolan.* 1 vol. avec 56 gravures d'après Tofani.

— *Le pupille du général.* 1 vol. avec 40 gravures d'après Tofani.

— *L'héritière de Maurivèze.* 1 vol. avec 39 grav. d'après Poirson.

— *Une vaillante enfant.* 1 vol. avec 43 gravures par Tofani.

— *Une petite-nièce d'Amérique.* 1 vol. avec 43 gravures d'après Tofani.

— *La petite fille du vieux Thémi.* 1 vol. illustré de 42 gravures d'après TOFANI.

Mayne-Reid (le capitaine) : *Les chasseurs de girafes,* traduit de l'anglais par H. Vattemare. 1 vol. avec 10 grav. d'après A. de Neuville.

— *A fond de cale,* traduit par Mme H. Loreau. 1 vol. avec 12 gravures.

— *A la mer!* traduit par Mme H. Loreau. 1 vol. avec 12 gravures.

Mayne-Reid (le capitaine) (suite) : — *Bruin*, ou les chasseurs d'ours, traduit par A. Letellier. 1 vol. avec 8 grandes gravures.

— *Les chasseurs de plantes*, traduit par Mme H. Loreau. 1 vol. avec 29 gravures.

— *Les exilés dans la forêt*, traduit par Mme H. Loreau. 1 vol. avec 12 gravures.

— *L'habitation du désert*, traduit par A. Le François. 1 vol. avec 24 grav.

— *Les grimpeurs de rochers*, traduit par Mme H. Loreau. 1 vol. avec 20 gravures.

— *Les peuples étranges*, traduit par Mme H. Loreau. 1 vol. avec 24 grav.

— *Les vacances des jeunes Boërs*, traduit par Mme H. Loreau. 1 vol. avec 12 gravures.

— *Les veillées de chasse*, traduit par H.-B. Révoil. 1 vol. avec 43 gravures d'après Freeman.

— *La chasse au Léviathan*, traduit par J. Girardin. 1 vol. avec 51 gravures d'après A. Ferdinandus et Th. Weber.

— *Les naufragés de la Calypso*. 1 vol. traduit par Mme Gustave Demoulin et illustré de 55 gravures d'après Pranishnikoff.

Moussac (Mme la Marquise de) : *Popo et Lili ou les deux jumeaux*. 1 vol. illustré de 58 gravures d'après E. Zier.

Muller (E.) : *Robinsonnette*. 1 vol. avec 22 gravures d'après Lix.

Ouida : *Le petit comte*. 1 vol. avec 34 gravures d'après G. Vullier, Tofani, etc.

Peyronny (Mme de), née d'Isle : *Deux cœurs dévoués*. 1 vol. avec 53 gravures d'après J. Devaux.

Pitray (Mme de) : *Les enfants des Tuileries*. 1 vol. avec 29 gravures d'après E. Bayard.

— *Les débuts du gros Philéas*. 1 vol. avec 57 grav. d'après H. Castelli.

— *Le château de la Pétaudière*. 1 vol. avec 78 grav. d'après A. Marie.

Pitray (Mme de) (suite) : *Le fils du maquignon*. 1 vol. avec 65 grav. d'après Riou.

— *Petit monstre et poule mouillée*. 1 vol. avec 66 grav. par E. Girardet.

— *Robin des Bois*. 1 vol. illustré de 40 gravures d'après Sirouy.

— *L'usine et le château*. 1 vol. illustré de 44 grav. d'après Robaudi.

Rendu (V.) : *Mœurs pittoresques des insectes*. 1 vol. avec 49 grav.

Rostoptchine (Mme la comtesse) : *Belle, Sage et Bonne*. 1 vol. avec 39 gravures d'après Ferdinandus.

Sandras (Mme) : *Mémoires d'un lapin blanc*. 1 vol. avec 20 gravures d'après E. Bayard.

Sannois (Mlle la comtesse de) : *Les soirées à la maison*. 1 vol. avec 42 gravures d'après E. Bayard.

Ségur (Mme la comtesse de) : *Après la pluie, le beau temps*. 1 vol. avec 128 grav. d'après E. Bayard.

— *Comédies et proverbes*. 1 vol. avec 60 gravures d'après E. Bayard.

— *Diloy le chemineau*. 1 vol. avec 90 gravures d'après H. Castelli.

— *François le bossu*. 1 vol. avec 114 gravures d'après E. Bayard.

— *Jean qui grogne et Jean qui rit*. 1 vol. avec 70 grav. d'après Castelli.

— *La fortune de Gaspard*. 1 vol. avec 52 gravures d'après Gerlier.

— *La sœur de Gribouille*. 1 vol. avec 72 grav. d'après H. Castelli.

— *Pauvre Blaise !* 1 vol. avec 65 gravures d'après H. Castelli.

— *Quel amour d'enfant !* 1 vol. avec 79 gravures d'après E. Bayard.

— *Un bon petit diable*. 1 vol. avec 100 gravures d'après H. Castelli.

— *Le mauvais génie*. 1 vol. avec 90 gravures d'après E. Bayard.

— *L'auberge de l'Ange-Gardien*. 1 vol. avec 75 grav. d'après Foulquier.

— *Le général Dourakine*. 1 vol. avec 100 gravures d'après E. Bayard.

Ségur (Mme la comtesse de) (suite) : *Les bons enfants*. 1 vol. avec 70 gravures d'après Ferogio.
— *Les deux nigauds*. 1 vol. avec 76 gravures d'après H. Castelli.
— *Les malheurs de Sophie*. 1 vol. avec 48 grav. d'après H. Castelli.
— *Les petites filles modèles*. 1 vol. avec 21 gravures d'après Bertall.
— *Les vacances*. 1 vol. avec 36 gravures d'après Bertall.
— *Mémoires d'un âne*. 1 vol. avec 75 grav. d'après H. Castelli.
Stolz (Mme de) : *La maison roulante*. 1 vol. avec 20 grav. sur bois d'après E. Bayard.
— *Le trésor de Nanette*. 1 vol. avec 24 gravures d'après E. Bayard.
— *Blanche et noire*. 1 vol. avec 54 gravures d'après E. Bayard.
— *Par-dessus la haie*. 1 vol. avec 56 gravures d'après A. Marie.
— *Les poches de mon oncle*. 1 vol. avec 20 gravures d'après Bertall.
— *Les vacances d'un grand-père*. 1 vol. avec 40 gravures d'après G. Delafosse.
— *Quatorze jours de bonheur*. 1 vol. avec 45 gravures d'après Bertall.
— *Le vieux de la forêt*. 1 vol. avec 32 gravures d'après Sahib.
— *Le secret de Laurent*. 1 vol. avec 32 gravures d'après Sahib.
— *Les deux reines*. 1 vol. avec 32 gravures d'après Delort.
— *Les mésaventures de Mlle Thérèse* 1 vol. avec 29 grav. d'après Charles.
Stolz (Mme de) (suite) : *Les frères de lait*. 1 vol. avec 42 gravures d'après E. Zier.
— *Magali*. 1 vol. avec 36 gravures d'après Tofani.
— *La maison blanche*. 1 vol. avec 35 gravures d'après Tofani.
— *Les deux André*. 1 vol. avec 45 gravures d'après Tofani.
— *Deux tantes*. 1 vol. avec 43 gravures d'après Tofani.
— *Violence et bonté*. 1 vol. avec 36 gravures par Tofani.
— *L'embarras du choix*. 1 v. illustré de 36 gravures d'après Tofani.
— *Petit Jacques*. 1 vol. illustré de 48 gravures d'après Tofani.
Swift : *Voyages de Gulliver*, traduit et abrégé à l'usage des enfants. 1 vol. avec 57 gravures d'après Delafosse.
Taulier : *Les deux petits Robinsons de la Grande-Chartreuse*. 1 vol. avec 69 gravures d'après E. Bayard et Hubert Clerget.
Tournier : *Les premiers chants*, poésies à l'usage de la jeunesse, 1 vol. avec 20 gravures d'après Gustave Roux.
Vimont (Ch.) : *Histoire d'un navire*. 1 vol. avec 40 gravures d'après Alex. Vimont.
Witt (Mme de), née Guizot : *Enfants et parents*. 1 vol. avec 34 gravures d'après A. de Neuville.
— *La petite-fille aux grand'mères*. 1 vol. avec 36 grav. d'après Beau.
— *En quarantaine*. 1 vol. avec 48 gravures d'après Ferdinandus.

IIIe SÉRIE, POUR LES ENFANTS ADOLESCENTS

ET POUVANT FORMER UNE BIBLIOTHÈQUE POUR LES JEUNES FILLES DE 14 A 18 ANS

VOYAGES

Agassiz (M. et Mme) : *Voyage au Brésil*, traduit et abrégé par J. Belin de Launay. 1 vol. avec 16 gravures et 1 carte.

Aunet (Mme d') : *Voyage d'une femme au Spitzberg*. 1 vol. avec 34 gravures.

Baines : *Voyages dans le sud-ouest de l'Afrique*, traduit et abrégé par J. Belin de Launay. 1 vol. avec 22 gravures et 1 carte.

Baker: *Le lac Albert N'yanza*. Nouveau voyage aux sources du Nil, abrégé par Belin de Launay. 1 vol. avec 16 gravures et 1 carte.

Baldwin : *Du Natal au Zambèze* (1861-1865). Récits de chasses, abrégés par J. Belin de Launay. 1 vol. avec 24 gravures et 1 carte.

Burton (le capitaine) : *Voyages à la Mecque, aux grands lacs d'Afrique et chez les Mormons*, abrégé par J. Belin de Launay. 1 vol. avec 12 gravures et 3 cartes.

Catlin : *La vie chez les Indiens*, traduit de l'anglais. 1 vol. avec 25 gravures.

Fonvielle (W. de) : *Le glaçon du Polaris*, aventures du capitaine Tyson. 1 vol. avec 19 gravures et 1 carte.

Hayes (Dr) : *La mer libre du pôle*, traduit par F. de Lanoye, et abrégé par J. Belin de Launay. 1 vol. avec 14 gravures et 1 carte.

Hervé et de **Lanoye** : *Voyages dans les glaces du pôle arctique*. 1 vol. avec 40 gravures.

Lanoye (F. de) : *Le Nil et ses sources*. 1 vol. avec 32 gravures et des cartes.

— *La Sibérie*. 1 vol. avec 48 gravures d'après Lebreton, etc.

— *Les grandes scènes de la nature*. 1 vol. avec 40 gravures.

— *La mer polaire*, voyage de l'*Érèbe* et de la *Terreur*, et expédition à la recherche de Franklin. 1 vol. avec 29 gravures et des cartes.

— *Ramsès le Grand*, ou l'Égypte il y a trois mille trois cents ans. 1 vol. avec 39 gravures d'après Lancelot, E. Bayard, etc.

Livingstone : *Explorations dans l'Afrique australe*, abrégé par J. Belin de Launay. 1 vol. avec 20 gravures et 1 carte.

Livingstone (suite) : *Dernier journal*, abrégé par J. Belin de Launay. 1 vol. avec 16 grav. et 1 carte.

Mage (L.) : *Voyage dans le Soudan occidental*, abrégé par J. Belin de Launay. 1 vol. avec 16 gravures et 1 carte.

Milton et Cheadle : *Voyage de l'Atlantique au Pacifique*, traduit et abrégé par J. Belin de Launay. 1 vol. avec 16 gravures et 2 cartes.

Mouhot (Ch.) : *Voyage dans le royaume de Siam, le Cambodge et le Laos*. 1 vol. avec 28 gravures et 1 carte.

Palgrave (W. G.) : *Une année dans l'Arabie centrale*, traduit et abrégé par J. Belin de Launay. 1 vol. avec 12 gravures, 1 portrait et 1 carte.

Pfeiffer (Mme) : *Voyages autour du monde*, abrégé par J. Belin de Launay. 1 vol. avec 16 gravures et 1 carte.

Piotrowski : *Souvenirs d'un Sibérien*. 1 vol. avec 10 gravures d'après A. Marie.

Schweinfurth (Dr) : *Au cœur de l'Afrique* (1866-1871). Traduit par Mme H. Loreau, et abrégé par J. Belin de Launay. 1 vol. avec 16 gravures et 1 carte.

Speke : *Les sources du Nil*, édition abrégée par J. Belin de Launay. 1 vol. avec 24 gravures et 3 cartes.

Stanley : *Comment j'ai retrouvé Livingstone*, traduit par Mme Loreau, et abrégé par J. Belin de Launay. 1 vol. avec 16 gravures et 1 carte.

Vambéry : *Voyages d'un faux derviche dans l'Asie centrale*, traduit par E. D. Forgues, et abrégé par J. Belin de Launay. 1 vol. avec 18 gravures et une carte.

HISTOIRE

Le loyal serviteur : *Histoire du gentil seigneur de Bayard*, revue et abrégée, à l'usage de la jeunesse, par Alph. Feillet. 1 vol. avec 36 gravures d'après P. Sellier.

Monnier (M.) : *Pompéi et les Pompéiens*. Édition à l'usage de la jeunesse. 1 vol. avec 25 gravures d'après Thérond.

Plutarque : *Vie des Grecs illustres*, édition abrégée par A. Feillet. 1 vol. avec 53 gravures d'après P. Sellier.

— *Vie des Romains illustres*, édition abrégée par A. Feillet. 1 vol. avec 69 gravures d'après P. Sellier.

Retz (Le cardinal de) : *Mémoires* abrégés par A. Feillet. 1 vol. avec 35 gravures d'après Gilbert, etc.

LITTÉRATURE

Bernardin de Saint-Pierre : *Œuvres choisies*. 1 vol. avec 12 gravures d'après E. Bayard.

Cervantès : *Don Quichotte de la Manche*. 1 vol. avec 64 gravures d'après Bertall et Forest.

Homère : *L'Iliade et l'Odyssée*, traduites par P. Giguet et abrégées par Alph. Feillet. 1 vol. avec 33 gravures d'après Olivier.

Le Sage : *Aventures de Gil Blas*, édition destinée à l'adolescence. 1 vol. avec 50 gravures d'après Leroux.

Mac-Intosch (Miss) : *Contes américains*, traduit par Mme Dionis. 2 vol. avec 50 gravures d'après E. Bayard.

Maistre (X. de) : *Œuvres choisies*. 1 vol. avec 15 gravures d'après E. Bayard.

Molière : *Œuvres choisies*, abrégées, à l'usage de la jeunesse. 2 vol. avec 22 gravures d'après Hillemacher.

Virgile : *Œuvres choisies*, traduites et abrégées à l'usage de la jeunesse, par Th. Barrau. 1 vol. avec 20 gravures d'après P. Sellier.

PETITE BIBLIOTHÈQUE DE LA FAMILLE

FORMAT PETIT IN-12

A 2 FRANCS LE VOLUME

LA RELIURE EN PERCALINE GRIS PERLE, TRANCHES ROUGES, SE PAYE EN SUS, 50 C.

Fleuriot (Mlle Z.) : *Tombée du nid.* 1 vol.

— *Raoul Daubry*, chef de famille; 2e édit. 1 vol.

— *L'héritier de Kerguignon;* 3e édit. 1 vol.

— *Réséda;* 9e édit. 1 vol.

— *Ces bons Rosaëc!* 1 vol.

— *La vie en famille;* 8e édit. 1 vol.

— *Le cœur et la tête.* 1 vol.

— *Au Galadoc.* 1 vol.

— *De trop.* 1 vol.

— *Le théâtre chez soi, comédies et proverbes.* 1 vol.

— *Sans beauté.* 1 vol.

— *Loyauté.* 1 vol.

— *La clef d'or.* 1 vol.

Fleuriot Kérinou : *De fil en aiguille.* 1 vol.

Girardin (J.) : *Le locataire des demoiselles Rocher.* 1 vol.

Girardin (J.) (suite) : *Les épreuves d'Étienne.* 1 vol.

— *Les théories du docteur Wurtz.* 1 vol.

— *Miss Sans-Cœur;* 2e édit. 1 vol.

— *Les braves gens.* 1 vol.

Giron (AIMÉ) : *Braconnette.* 1 vol.

Marcel (Mme J.) : *Le Clos-Chantereine.* 1 vol.

Wiele (Mme Van de) : *Filleul du roi!* 1 vol.

Witt (Mme de), née Guizot : *Tout simplement;* 2e édition. 1 vol.

— *Reine et maîtresse.* 1 vol.

— *Un héritage.* 1 vol.

— *Ceux qui nous aiment et ceux que nous aimons.* 1 vol.

— *Sous tous les cieux.* 1 vol.

— *A travers pays.*

— *Vieux contes de la veillée.* 1 vol.

D'autres volumes sont en préparation.

2533 — Imprimeries réunies, A, rue Mignon, 2, Paris. — 10-.0. — 100,000.

www.ingramcontent.com/pod-product-compliance
Ingram Content Group UK Ltd.
Pitfield, Milton Keynes, MK11 3LW, UK
UKHW020120200726
13856UKWH00002B/650